영단어는 반복해서 공부하는 것이 가장 중요해요. 우리의 뇌가 영단어를 한 번 외웠다고 해서 장기 기억으로 저장하지는 않기 때문이에요. 하지만 같은 단어를 계속 반복하여 외우는 것은 정말 지루하죠? 특히 어린 학생들일수록 반복은 더 힘들답니다. 그래서 어린 학생들에게는 재미있고 다양한 방법의 반복이 꼭 필요해요.

워드마스터는 재미있고 다양한 방법을 통해 단어를 반복 학습하도록 했어요. 책과 학습앱으로 단어를 학습하다 보면 어느 새 단어를 완벽하게 익힐 수 있어요!

FINISH

넷, 워드마스터 학습앱으로 언제 어디서나 단어를 외우고 테스트하기!

워드마스터는 책이 없어도 단어 학습, 테스트가 가능해요!
학습앱으로 단어를 외우고, 외운 단어를 테스트하고, 틀린 단어만 저장해서 볼 수도 있어요.
똑똑한 학습앱, 지금 바로 이용할 수 있어요.

Step. 1 아래 QR로 앱을 설치하고, 회원가입을 하세요.

》 앱 바로가기

Step. 2 [마이룸]에서 아래의 코드를 입력하세요.

Step. 3 [학습관]에서 도서를 선택하여 학습하세요.

다운로드

학습앱 전용 코드

• 긁어서 나온 번호를 입력하세요. 코드는 1회 등록 가능합니다.

SIGHT WORD 100

yes 응	**no** 아니	**a** 하나의	**an** 하나의	**so** 그렇게, 너무	**I** 나는
you 너는, 너를	**all** 모든	**hi** 안녕(만났을 때)	**for** ~을 위해	**but** 그러나	**the** 그
am ~이다	**it** 그것	**by** ~ 옆에	**on** ~ 위에	**at** ~에	**Mr.** ~ 씨 (남자)
Ms. ~ 씨 (여자)	**to** ~로	**not** ~ 아니다	**too** 너무, ~ 또한	**are** ~이다	**is** ~이다

out 밖으로	**from** ~로부터	**bye** 안녕(헤어질 때)	**off** 떨어져서	**with** ~와 함께	**and** ~와, 그리고
he 그는	**she** 그녀는	**this** 이것	**that** 저것	**in** ~에, ~ 안에	**both** 둘 다
little 작은	**every** 모든	**did** 했다	**can** ~할 수 있다	**if** 만약 ~면	**my** 나의
what 무엇	**who** 누구	**why** 왜	**we** 우리는	**they** 그들은	**as** ~처럼

after ~ 후에	**his** 그의	**any** 어떤	**else** 또 다른	**let** ~하게 하다	**may** ~일지도 모른다
must ~해야 한다	**say** 말하다	**now** 지금	**be** ~이다	**me** 나를	**when** 언제
our 우리의	**will** ~일 것이다	**can't** ~할 수 없다	**also** 또한	**best** 최고의, 가장	**away** 떨어져
nice 좋은	**just** 바로, 딱	**him** 그를	**each** 각각	**into** ~ 안으로	**her** 그녀의, 그녀를

us 우리를	**their** 그들의	**was** ~이었다	**your** 너의	**over** ~ 위에, 끝난	**them** 그들을
again 다시, 또	**how** 어떻게	**could** ~할 수 있었다	**about** ~에 관하여	**under** ~ 아래에	**here** 여기에
there 거기에	**above** ~ 위에	**across** ~을 가로질러	**hello** 안녕 (만났을 때)	**good** 좋은	**where** 어디에
okay 좋아	**without** ~ 없이	**don't** ~하지 않다	**doesn't** ~하지 않다	**abroad** 해외에	**sorry** 미안해
which 어느, 어떤	**please** 제발(정중하게 말할 때)	**because** ~ 때문에	**welcome** 환영하다		

학습 계획표

DAY	단어장 / 워크북 학습 날짜	성취도			미니북 복습 날짜	학습앱 활용
DAY 01	월 일	😄	🙂	🙁	월 일	YES / NO
DAY 02	월 일	😄	🙂	🙁	월 일	YES / NO
DAY 03	월 일	😄	🙂	🙁	월 일	YES / NO
DAY 04	월 일	😄	🙂	🙁	월 일	YES / NO
DAY 05	월 일	😄	🙂	🙁	월 일	YES / NO
DAY 06	월 일	😄	🙂	🙁	월 일	YES / NO
DAY 07	월 일	😄	🙂	🙁	월 일	YES / NO
DAY 08	월 일	😄	🙂	🙁	월 일	YES / NO
DAY 09	월 일	😄	🙂	🙁	월 일	YES / NO
DAY 10	월 일	😄	🙂	🙁	월 일	YES / NO
DAY 11	월 일	😄	🙂	🙁	월 일	YES / NO
DAY 12	월 일	😄	🙂	🙁	월 일	YES / NO
DAY 13	월 일	😄	🙂	🙁	월 일	YES / NO
DAY 14	월 일	😄	🙂	🙁	월 일	YES / NO
DAY 15	월 일	😄	🙂	🙁	월 일	YES / NO
DAY 16	월 일	😄	🙂	🙁	월 일	YES / NO
DAY 17	월 일	😄	🙂	🙁	월 일	YES / NO
DAY 18	월 일	😄	🙂	🙁	월 일	YES / NO
DAY 19	월 일	😄	🙂	🙁	월 일	YES / NO
DAY 20	월 일	😄	🙂	🙁	월 일	YES / NO
DAY 21	월 일	😄	🙂	🙁	월 일	YES / NO
DAY 22	월 일	😄	🙂	🙁	월 일	YES / NO
DAY 23	월 일	😄	🙂	🙁	월 일	YES / NO
DAY 24	월 일	😄	🙂	🙁	월 일	YES / NO
DAY 25	월 일	😄	🙂	🙁	월 일	YES / NO
DAY 26	월 일	😄	🙂	🙁	월 일	YES / NO
DAY 27	월 일	😄	🙂	🙁	월 일	YES / NO
DAY 28	월 일	😄	🙂	🙁	월 일	YES / NO
DAY 29	월 일	😄	🙂	🙁	월 일	YES / NO
DAY 30	월 일	😄	🙂	🙁	월 일	YES / NO

Word 초등
∞ master

COMPLETE

WRITERS

박영미 신성원 이윤정 홍미정

STAFF

발행인 정선욱
퍼블리싱 총괄 남형주
개발 김태원 김한길 박하영
기획 · 디자인 · 마케팅 조비호 김정인 차혜린
유통 · 제작 서준성 신성철

워드마스터 초등 COMPLETE 202211 초판 1쇄 202409 초판 6쇄
펴낸곳 이투스에듀㈜ 서울시 서초구 남부순환로 2547
고객센터 1599-3225
등록번호 제2007-000035호
ISBN 979-11-389-1099-6 [63740]

초등 영단어는 Word ∞ master
워드마스터 초등

꼭 외워야 할 단어**만 뽑았어요**

'주요 초등 교과서'와 '개정교육과정 필수 단어', '회화 필수 단어'를 분석하여
초등 필수 900단어 및 사이트워드 100단어를 뽑았어요.
<워드마스터 초등 BASIC>과 <워드마스터 초등 COMPLETE>으로
초등 필수 1,000단어를 완성할 수 있어요.

재미있게 반복**할 수 있어요**

단어장으로 단어를 외웠나요?
워크북으로 쓰기 연습과 문제 풀이도 했고요?
미니북으로 다시 한 번 복습해 봐요.
재미있고 자연스러운 반복으로 단어를 오래 기억할 수 있어요.

언제 어디서나 학습앱을 이용**할 수 있어요**

책을 늘 가지고 다니는 건 아니죠?
언제 어디서나 워드마스터 학습앱에 접속,
잊은 단어는 없는지 확인하고 테스트해 봐요.

워드마스터 초등으로,
초등 필수 단어를
꼼꼼하게 마스터할 수 있어요!

구성 및 특장점

단어장   이렇게 구성되어 있어요

SIGHT WORD

독해에 꼭 필요한 사이트워드를 챈트와 함께 익혀 보세요. 하루에 한 번, 챈트로 즐겁게 따라하다 보면 초등 필수 사이트워드를 완벽하게 마스터할 수 있어요.

Pre-Check

DAY별로 일상생활과 관련된 익숙한 소주제로 구성했어요.
첫 페이지에서는 Pre-Check를 통해 단어를 듣고 뜻을 아는 단어가 있는지 확인해 봐요.

단어 학습

주제별 필수 단어를 핵심 의미 중심으로 수록했어요.
영단어와 우리말 뜻을 꼼꼼하게 익히고, 품사와 관련 표현도 함께 익힐 수 있어요.
교과서에 나오는 주요 문장이나 회화 필수 문장도 빠짐없이 익혀 봐요.

재미있는 영어 이야기

단어와 관련된 재미있는 이야기를 읽으며 영어 단어 및 문화에 대한 이해를 높일 수 있어요.

After-Check

단어 학습 후 간단한 테스트를 통해 단어를 제대로 공부했는지 확인해 볼 수 있어요.

STEP 1 단어 쓰기

DAY별로 모든 단어를 쓰면서 연습할 수 있도록 영어 노트에 단어를 제시했어요. 단어 쓰기 연습을 하면서 자연스럽게 철자를 익힐 수 있어요.

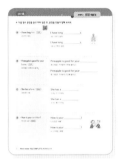

STEP 2 문장 익히기

단어장에 수록된 교과서 문장과 회화 필수 문장을 활용하여 문장 만들기 연습을 할 수 있어요. 단어를 바꾸며 새로운 문장을 만들다 보면 영어 말하기에도 익숙해질 수 있어요.

STEP 3 문제 풀기

단어 듣고 고르기, 사다리 게임, 퍼즐 게임 등 다양하고 재미있는 문제를 풀며 영단어를 완벽하게 익힐 수 있어요.

미니북과 학습앱 활용해 봐요

미니북

단어장/워크북 학습 후 약 일주일 뒤, 미니북으로 복습하는 것이 좋아요. 잊어버린 단어가 없는지 확인하며 QR로 발음도 듣다 보면 잊은 단어도 다시 완벽하게 복습할 수 있어요.

학습앱

탭이나 휴대폰만 있으면 언제 어디서나 단어 학습, 복습, 테스트가 가능해요. 책이 없어도 언제나 단어를 가까이 할 수 있어요!

차례

Nature & Space

Technology & Society

Study More Words

Word 초등 master
∞ COMPLETE

Body
몬

Pre-Check   학습 날짜   월   일

Listen
&
Check

단어를 듣고, 뜻을 아는 단어에 ✔ 표시하세요.

- ☐ hair
- ☐ brain
- ☐ shoulder
- ☐ arm
- ☐ heart
- ☐ finger
- ☐ leg
- ☐ muscle
- ☐ health
- ☐ hurt

- ☐ skin
- ☐ blood
- ☐ bone
- ☐ fever
- ☐ headache
- ☐ toothache
- ☐ stomachache
- ☐ condition
- ☐ medicine
- ☐ heal

01 **Body** 몸

| 001 | **hair** | 명 머리카락 ○ 교과서 |
|

001 **hair**   명 머리카락 ○ 교과서
- I have long hair. 나는 머리가 길어.

002 **brain**   명 뇌

003 **shoulder**   명 어깨

004 **arm**   명 팔

005 **heart**   명 1 심장   2 마음

006 **finger**   명 손가락

007 **leg**   명 다리

008 **muscle**   명 근육

009 **health**   명 건강 ○ 교과서
- You're in good health. 건강이 좋으시네요.

010 **hurt**   동 다치다 ○ 회화 필수
- I hurt my leg. 나는 다리를 다쳤어.

Listen & Check
1 2 3 4

011 **skin** 몡 피부

012 **blood** 몡 피

➕ blood type 혈액형

013 **bone** 몡 뼈 ◦ 교과서

· Pineapple is good for your bones.
파인애플은 여러분의 뼈에 좋아요.

014 **fever** 몡 열 ◦ 회화 **필수**

· She has a fever. 그녀는 열이 나요.

015 **headache** 몡 두통 ◦ 교과서

· I have a headache. 두통이 있어요.

016 **toothache** 몡 치통

017 **stomachache** 몡 복통

018 **condition** 몡 상태, 컨디션 ◦ 회화 **필수**

· How is your condition? 컨디션은 어때?

019 **medicine** 몡 약 ◦ 교과서

· Take this medicine and get some rest.
이 약을 먹고 좀 쉬세요.

020 **heal** 동 치료하다

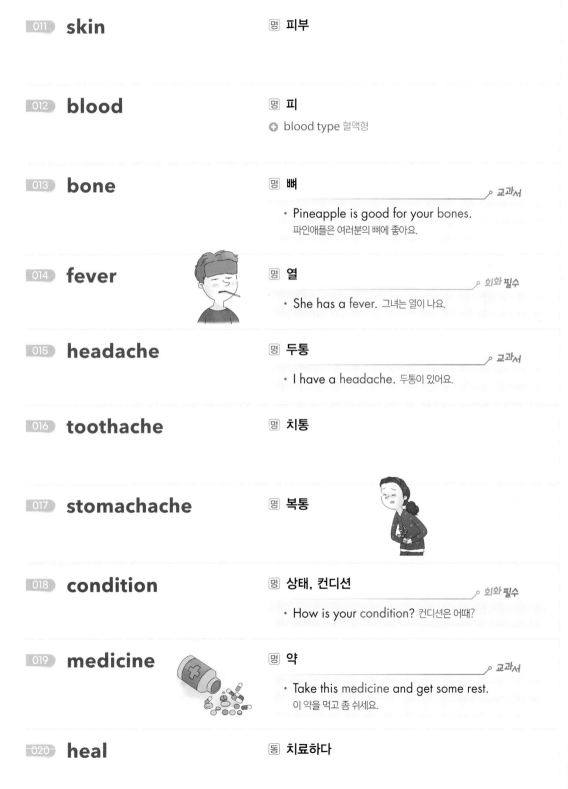

headache | 긴 단어들의 공통점을 찾아라!

headache, toothache, stomachache

이 긴 단어들의 공통점은 무엇일까요?

맞아요, 어딘가가 '아프다'는 의미를 나타내요.

그리고 모두 ache라는 말로 끝난다는 것도 눈치챘나요?

신체 부위를 나타내는 head(머리), tooth(치아), stomach(배)에 이렇게 ache(아픔)를 붙이면

아픈 곳을 나타내는 단어가 된답니다. 이제 쉽게 기억해 보세요!

headache(두통)

toothache(치통)

stomachache(복통)

After-Check

다음 영단어의 우리말 뜻을 쓰시오.

| 정답 130쪽 |

1	bone		11	hair
2	finger		12	shoulder
3	brain		13	arm
4	heal		14	medicine
5	headache		15	condition
6	fever		16	stomachache
7	health		17	heart
8	skin		18	toothache
9	blood		19	hurt
10	muscle		20	leg

Emotions

감정

단어를 듣고, 뜻을 아는 단어에 ✔ 표시하세요.

- ☐ smile
- ☐ laugh
- ☐ thank
- ☐ worry
- ☐ cry
- ☐ tear
- ☐ complain
- ☐ apologize
- ☐ glad
- ☐ upset

- ☐ afraid
- ☐ bored
- ☐ friendly
- ☐ excited
- ☐ scared
- ☐ surprised
- ☐ nervous
- ☐ curious
- ☐ feeling
- ☐ expression

Emotions 감정

| 021 | **smile** | 동 웃다, 미소 짓다 |
| | | 명 웃음, 미소 |

| 022 | **laugh** | 동 웃다 |

| 023 | **thank** | 동 감사하다 |

교과서
- Thank you. 고마워.

| 024 | **worry** | 동 걱정하다 |

교과서
- Don't worry. 걱정하지 마.

| 025 | **cry** | 동 울다 |

| 026 | **tear** | 명 눈물 |

| 027 | **complain** | 동 불평하다 |

| 028 | **apologize** | 동 사과하다 |

| 029 | **glad** | 형 기쁜 |

회화 필수
- Glad to meet you. 너를 만나서 기뻐.

| 030 | **upset** | 형 화난, 속상한 |

교과서
- Why are you upset? 너는 왜 화가 났니?

Listen & Check
1 2 3 4

031 **afraid** ® 두려워하는

032 **bored** ® 지루해하는
　　　　　　　　　　　　　　　　　　회화 **필수**
　　　　　　　　• You look bored. 너 지루해 보여.

033 **friendly** ® 다정한

034 **excited** ® 신이 난

035 **scared** ® 무서워하는
　　　　　　　　　　　　　　　　　　회화 **필수**
　　　　　　　　• I'm scared of water. 난 물을 무서워해.

036 **surprised** ® 놀란

037 **nervous** ® 불안해하는

038 **curious** ® 궁금한
　　　　　　　　　　　　　　　　　　회화 **필수**
　　　　　　　　• Are you curious? 궁금해?

039 **feeling** ® 느낌

040 **expression** ® 표현

smile   ## smile과 laugh는 같은 의미일까?

smile의 의미는? '웃다'

laugh의 의미는? 이것도 '웃다'

둘 다 우리말로 '웃다'라는 뜻이지만 상황에 따라 다르게 사용해야 해요.

smile은 소리 없이 조용히 미소 짓는 웃음을 나타내고

laugh는 '하하 호호' 소리를 내서 웃는 웃음을 나타내요.

이렇듯, smile과 laugh의 차이는 이모티콘으로도 구분할 수 있답니다!

After-Check

다음 영단어의 우리말 뜻을 쓰시오. | 정답 130쪽 |

1	laugh	_____	11	thank	_____
2	tear	_____	12	excited	_____
3	bored	_____	13	scared	_____
4	curious	_____	14	nervous	_____
5	cry	_____	15	apologize	_____
6	friendly	_____	16	worry	_____
7	expression	_____	17	glad	_____
8	surprised	_____	18	complain	_____
9	smile	_____	19	feeling	_____
10	upset	_____	20	afraid	_____

Thoughts

생각

단어를 듣고, 뜻을 아는 단어에 ✓ 표시하세요.

- ☐ think
- ☐ plan
- ☐ wish
- ☐ want
- ☐ hope
- ☐ know
- ☐ idea
- ☐ imagine
- ☐ understand
- ☐ agree

- ☐ believe
- ☐ wonder
- ☐ right
- ☐ wrong
- ☐ fair
- ☐ easy
- ☐ difficult
- ☐ perfect
- ☐ doubt
- ☐ decide

Thoughts 생각

041 think

동 생각하다

🔵 교과서

• I don't think so. 나는 그렇게 생각하지 않아.

042 plan

DAILY PLAN

동 계획하다
명 계획

043 wish

동 바라다
명 바람

044 want

동 원하다

🔵 교과서

• What do you want to be? 너는 무엇이 되기를 원하니?

045 hope

동 희망하다, 바라다
명 희망

046 know

동 알다

🔵 교과서

• Do you know about the Statue of Liberty?
자유의 여신상에 대해서 아니?

047 idea

명 생각

🔵 교과서

• That's a good idea. 그것은 좋은 생각이야.

048 imagine

동 상상하다

049 understand

동 이해하다

050 agree

동 동의하다

🔵 회화 **필수**

• I agree with you. 네 의견에 동의해.

Listen & Check
1 2 3 4

051 **believe** 동 믿다

052 **wonder** 동 궁금하다

053 **right**  형 1 **맞는** 2 **오른쪽의** ○ 회화 필수
· You're right. 네 말이 맞아.

054 **wrong** 형 틀린, 잘못된

055 **fair** 형 공정한
○ fair play 페어플레이, 정정당당한 시합

056 **easy** 형 쉬운

057 **difficult** 형 어려운 ○ 교과서
· I think it's difficult. 난 그것이 어렵다고 생각해.

058 **perfect** 형 완벽한

059 **doubt** 동 의심하다
명 의심

060 **decide** 동 결정하다 ○ 회화 필수
· I can't decide. 난 결정하지 못하겠어.

perfect   100점을 영어로 하면?

영어로 100점은 a perfect score입니다.

한 문제도 틀리지 않은 완벽한(perfect) 점수니까요.

'나 100점 맞았어!'라고 말하고 싶다면

I got a perfect score!라고 하면 돼요.

영어 시험에서 100점을 받고

I got a perfect score!라고 자랑해 보세요.

I got a perfect score!

After-Check   다음 영단어의 우리말 뜻을 쓰시오. | 정답 130쪽 |

1	idea		11	fair	
2	know		12	perfect	
3	right		13	decide	
4	want		14	doubt	
5	easy		15	agree	
6	hope		16	understand	
7	plan		17	wish	
8	think		18	wonder	
9	imagine		19	difficult	
10	believe		20	wrong	

People & Jobs
사람들과 직업

Listen & Check

단어를 듣고, 뜻을 아는 단어에 ✔ 표시하세요.

- [ ] child
- [ ] teenager
- [ ] adult
- [ ] cousin
- [ ] parent
- [ ] person
- [ ] neighbor
- [ ] stranger
- [ ] group
- [ ] driver

- [ ] scientist
- [ ] actor
- [ ] chef
- [ ] musician
- [ ] engineer
- [ ] artist
- [ ] reporter
- [ ] writer
- [ ] police officer
- [ ] dentist

People & Jobs 사람들과 직업

061 **child** 명 아이
⊕ children 아이들

062 **teenager** 명 십 대

063 **adult** 명 어른

064 **cousin** 명 사촌 　교과서
• This is my cousin, Ann. 얘는 내 사촌인 Ann이야.

065 **parent** 명 부모 (중 한 분) 　회화필수
• I live with my parents. 나는 부모님과 함께 살아.

066 **person** 명 사람

067 **neighbor** 명 이웃 　회화필수
• He is my neighbor. 그는 나의 이웃이야.

068 **stranger** 명 낯선 사람

069 **group** 명 그룹, 모임

070 **driver** 명 운전자
⊕ taxi driver 택시 운전사
bus driver 버스 운전사

071 **scientist**

명 과학자

⌐ 교과서
- I think Edison was a great scientist.
  나는 에디슨이 위대한 과학자라고 생각해.

072 **actor**

명 배우

073 **chef**

명 주방장

074 **musician**

명 음악가

075 **engineer**

명 기술자, 엔지니어

⌐ 교과서
- I want to be a car engineer.
  나는 자동차 엔지니어가 되고 싶어.

076 **artist**

명 화가, 예술가

077 **reporter**

명 리포터, 기자

078 **writer**

명 작가

⌐ 교과서
- My favorite writer is Agatha Christie.
  내가 가장 좋아하는 작가는 아가사 크리스티야.

079 **police officer**

경찰관

080 **dentist**

명 치과의사

⌐ 교과서
- You should go and see a dentist.
  너는 치과에 가 봐야 해.

teenager 열두 살은 teenager가 아니다?

teenager는 우리말로 '십 대'라는 뜻이지만 정확하게는 13세부터 19세까지의 청소년을 의미해요.

왜 그럴까요?

teenager는 teen으로 끝나는 나이의 사람을 의미하기 때문이에요.

13(thirteen), 14(fourteen), 15(fifteen), 16(sixteen),

17(seventeen), 18(eighteen), 19(nineteen)처럼요.

그래서 열두 살(twelve)은 teenager가 아니랍니다.

이제 teenager의 정확한 의미를 이해하셨죠?

After-Check   다음 영단어의 우리말 뜻을 쓰시오. | 정답 130쪽 |

1 group _____	11 musician _____
2 actor _____	12 parent _____
3 chef _____	13 reporter _____
4 child _____	14 person _____
5 driver _____	15 cousin _____
6 artist _____	16 engineer _____
7 scientist _____	17 stranger _____
8 adult _____	18 dentist _____
9 writer _____	19 teenager _____
10 police officer _____	20 neighbor _____

House

집

Pre-Check 학습 날짜   월   일

Listen
&
Check

단어를 듣고, 뜻을 아는 단어에 ✔ 표시하세요.

- ☐ clean
- ☐ messy
- ☐ bedroom
- ☐ light
- ☐ curtain
- ☐ rest
- ☐ bathroom
- ☐ bath
- ☐ shower
- ☐ living room

- ☐ basement
- ☐ bookshelf
- ☐ yard
- ☐ grass
- ☐ kitchen
- ☐ stove
- ☐ sink
- ☐ washing machine
- ☐ refrigerator
- ☐ furniture

House 집

081 clean

동 청소하다
형 깨끗한

교과서
- Let's clean our room. 우리 방을 청소하자.

082 messy

형 지저분한

083 bedroom

명 침실

084 light

명 불빛
형 1 밝은   2 가벼운

085 curtain

명 커튼

086 rest

동 쉬다

087 bathroom

명 화장실

회화 필수
- There are two bathrooms in the house.
  집에는 두 개의 화장실이 있다.

088 bath

명 1 목욕   2 욕조

➕ take a bath 목욕하다

089 shower

명 샤워

회화 필수
- I take a shower every day. 나는 매일 샤워를 한다.

090 living room

거실

교과서
- There is a TV in the living room.
  거실에는 TV가 있다.

Listen & Check
1 2 3 4

091 **basement** 명 지하실

092 **bookshelf** 명 책장
회화 필수
- There are many books on the bookshelf.
책장에는 많은 책들이 있다.

093 **yard** 명 마당

094 **grass** 명 잔디

096 **kitchen** 명 부엌
교과서
- What's in the kitchen? 부엌에는 무엇이 있니?

096 **stove** 명 1 난로　2 가스레인지
교과서
- We put our lunch boxes on the stove.
우리는 도시락을 난로 위에 놓았다.

097 **sink** 명 싱크대

098 **washing machine** 세탁기

099 **refrigerator** 명 냉장고

100 **furniture** 명 가구

Word master 초등 COMPLETE　DAY 05

bathroom 화장실을 영어로 하면?

미국에서는 화장실을 나타낼 때 bathroom과 restroom을 많이 써요.

bathroom은 샤워도 하고 볼일도 보는 곳으로 우리가

흔히 생각하는 화장실이에요.

restroom은 백화점, 식당, 영화관 등 공공장소 화장실을

주로 가리켜요.

두 단어는 서로 바꿔서 쓸 수 있지만, 일반적으로

restroom을 좀 더 많이 사용해요.

bathroom은 bath(욕조)가 떠오른다는 점을 참고하세요.

bathroom

restroom

After-Check   다음 영단어의 우리말 뜻을 쓰시오. | 정답 131쪽 |

1	kitchen		11	messy
2	bath		12	yard
3	clean		13	shower
4	bookshelf		14	grass
5	furniture		15	sink
6	bedroom		16	rest
7	basement		17	refrigerator
8	curtain		18	bathroom
9	stove		19	living room
10	light		20	washing machine

School
학교

Pre-Check

학습 날짜   월   일

Listen
&
Check

단어를 듣고, 뜻을 아는 단어에 ✔ 표시하세요.

- [ ] ask
- [ ] answer
- [ ] question
- [ ] learn
- [ ] classmate
- [ ] locker
- [ ] late
- [ ] absent
- [ ] exam
- [ ] pass

- [ ] fail
- [ ] explain
- [ ] concentrate
- [ ] club
- [ ] gym
- [ ] field trip
- [ ] vacation
- [ ] elementary school
- [ ] middle school
- [ ] high school

School 학교

101	**ask**	동 묻다, 질문하다 ○ 회화 필수

- Can I ask a question?
  질문 하나 해도 되나요?

102	**answer**	명 답

동 대답하다

103	**question**	명 질문, 문제 ○ 회화 필수

- I can answer the question.
  나는 그 질문에 대답할 수 있어.

104	**learn**	동 배우다 ○ 교과서

- We learn many things here.
  우리는 이곳에서 많은 것을 배운다.

105	**classmate**	명 반 친구

106	**locker**	명 사물함 ○ 교과서

- There are lockers in the classroom.
  교실에는 사물함이 있다.

107	**late**	형 늦은, 지각한

➕ be late for school 학교에 지각하다

108	**absent**	형 결석한

109	**exam** (= examination)	명 시험

110	**pass**	동 합격하다

Listen & Check
1 2 3 4

111 **fail**

동 (시험에) 떨어지다

112 **explain**

동 설명하다

113 **concentrate**

동 집중하다

114 **club**

명 동아리, 클럽

교과서
- I'll join the book club. 나는 독서 동아리에 가입할 거야.

115 **gym**

명 체육관

116 **field trip**

현장 학습

117 **vacation**

명 방학
➕ summer vacation 여름방학
  winter vacation 겨울방학

교과서
- What did you do during the vacation?
  너는 방학 동안 무엇을 했니?

118 **elementary school**

초등학교

119 **middle school**

중학교

120 **high school**

고등학교

회화필수
- My sister goes to high school.
  우리 누나는 고등학교에 다녀.

vacation 미국 학교의 방학

미국의 학교는 한국과는 달리 가을에 새 학년이 시작돼요.

그래서 새 학년이 시작되는 **8월 말이나 9월 초까지** 약 2달 반의 긴 여름방학을 보냅니다.

대신 겨울방학은 우리나라보다 훨씬 짧아요. 크리스마스부터 새해까지 일주일 정도의 짧은 겨울방학이 있어요.

봄에도 일주일 정도의 봄방학이 있고요.

겨울방학과 여름방학 중 여러분은 어느 방학을 더 좋아하나요?

summer vacation

winter vacation

After-Check
다음 영단어의 우리말 뜻을 쓰시오.

|정답 131쪽|

1	question	11	high school
2	exam	12	fail
3	classmate	13	ask
4	late	14	absent
5	locker	15	middle school
6	answer	16	explain
7	pass	17	gym
8	learn	18	filed trip
9	club	19	concentrate
10	elementary school	20	vacation

Subjects & School Year
과목과 학년

학습 날짜   월   일

Listen & Check

단어를 듣고, 뜻을 아는 단어에 ✔ 표시하세요.

- ☐ favorite
- ☐ subject
- ☐ music
- ☐ English
- ☐ art
- ☐ science
- ☐ math
- ☐ history
- ☐ P.E.
- ☐ Korean
- ☐ grade
- ☐ first
- ☐ second
- ☐ third
- ☐ fourth
- ☐ fifth
- ☐ sixth
- ☐ homeroom teacher
- ☐ enter
- ☐ graduate

Subjects & School Year
과목과 학년

121 **favorite** 　　　　형 가장 좋아하는

122 **subject** 　　　　명 과목 　　　　교과서
· What's your favorite subject?
네가 가장 좋아하는 과목이 뭐니?

123 **music** 　　　　명 음악

124 **English** 　　　　명 영어

125 **art** 　　　　명 미술 　　　　교과서
· My favorite subject is art.
내가 가장 좋아하는 과목은 미술이야.

126 **science** 　　　　명 과학

127 **math** 　　　　명 수학 　　　　회화 필수
· I am good at math. 나는 수학을 잘해.

128 **history** 　　　　명 역사

129 **P.E.** 　　　　명 체육 　　　　교과서
· Next class is P.E. Let's go out now.
다음 수업은 체육이야. 지금 밖으로 나가자.

130 **Korean** 　　　　명 한국어
　　　　　　　　　형 한국의

Listen & Check
1 2 3 4

131 **grade**

명 1 학년　　2 성적

○ 교과서

• What grade are you in? 너는 몇 학년이니?

132 **first**

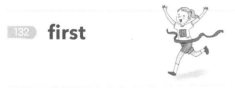

형 첫째의

○ 교과서

• I'm in the first grade. 나는 1학년이야.

133 **second**

형 둘째의

134 **third**

형 셋째의

3rd floor

135 **fourth**

형 넷째의

136 **fifth**

형 다섯째의

○ 회화필수

• Are you in the fifth grade? 너는 5학년이니?

137 **sixth**

형 여섯째의

138 **homeroom teacher**

담임 선생님

139 **enter**

동 입학하다

140 **graduate**

동 졸업하다

Word master 초등 COMPLETE　DAY 07

35

 P.E. ## 과목 이름 중 '체육'만 이상해요!

English(영어), science(과학), art(미술), math(수학),

history(역사), music(음악), P.E.(체육)

P.E.

다양한 과목 이름 중, P.E.?

'체육'을 나타내는 단어만 좀 이상하죠?

Physical(신체의)과 Education(교육)을 줄인 말이 P.E.이기 때문이에요.

Physical Education은 어렵고 길기 때문에 줄여서 P.E.라고 한답니다.

첫 글자만 따서 P와 E로 쓰고, 줄임말인 걸 나타내기 위해 온점(.)을 찍는 것도 잊지 마세요.

After-Check 다음 영단어의 우리말 뜻을 쓰시오. | 정답 131쪽 |

1	music	_____	11 subject	_____
2	English	_____	12 art	_____
3	Korean	_____	13 P.E.	_____
4	first	_____	14 second	_____
5	favorite	_____	15 science	_____
6	grade	_____	16 fifth	_____
7	enter	_____	17 third	_____
8	graduate	_____	18 history	_____
9	fourth	_____	19 sixth	_____
10	math	_____	20 homeroom teacher	_____

DAY 08

Food
음식

Listen & Check

단어를 듣고, 뜻을 아는 단어에 ✓ 표시하세요.

- ☐ breakfast
- ☐ lunch
- ☐ dinner
- ☐ snack
- ☐ thirsty
- ☐ cook
- ☐ bake
- ☐ fry
- ☐ meat
- ☐ vegetable

- ☐ fruit
- ☐ noodle
- ☐ rice
- ☐ sweet
- ☐ delicious
- ☐ fresh
- ☐ sugar
- ☐ salt
- ☐ oil
- ☐ fast food

Food 음식

141 **breakfast**

명 아침 식사
교과서
- I have breakfast every day.
나는 매일 아침 식사를 해.

142 **lunch**

명 점심 식사

143 **dinner**

명 저녁 식사

144 **snack**

명 간식

145 **thirsty**

형 목마른

146 **cook**

동 요리하다
명 요리사
회화필수
- Dad is cooking in the kitchen.
아빠는 부엌에서 요리하고 계셔.

147 **bake**

동 굽다
교과서
- He wants to bake delicious bread.
그는 맛있는 빵을 굽고 싶어 해.

148 **fry**

동 튀기다

149 **meat**

명 고기

150 **vegetable**

명 야채
교과서
- I'd like a vegetable pizza, please.
저는 야채 피자로 주세요.

Listen & Check
1 2 3 4

151 **fruit**

명 과일

152 **noodle**
명 면
⊕ instant noodle 라면

153 **rice**
명 쌀, 밥

154 **sweet**

형 달콤한
교과서

A: How's your ice cream? 네 아이스크림은 어때?
B: It's sweet. 달콤해.

155 **delicious**
형 맛있는

156 **fresh**
형 신선한
교과서

· The salad was fresh and delicious.
그 샐러드는 신선하고 맛있었어.

157 **sugar**
명 설탕
회화필수

· Mix butter and sugar together.
버터와 설탕을 함께 섞으세요.

158 **salt**
명 소금

159 **oil**
명 기름

160 **fast food**

패스트푸드
교과서

· How often do you eat fast food?
너는 패스트푸드를 얼마나 자주 먹니?

rice 하나만 기억하면 돼요!

카레라이스는 카레와 밥을 함께 먹는 음식이라서

'카레 + 라이스 = 카레라이스'라고 해요.

눈치 빠른 사람들은 '라이스(rice) = 밥'이라는 것 바로 알 수 있겠죠?

rice는 밥이라는 뜻이고, 밥은 쌀을 익혀서 만든 음식이고, 쌀은 벼를 수확해서 나온 곡식이에요.

우리 모두 잘 알고 있는 사실이죠. 그런데 재미있는 사실 하나!

우리말로는 각각 다르게 부르는 쌀, 벼, 밥을 영어로는

모두 rice라고 부를 수 있어요.

rice라는 단어 하나만 기억하면,

세 개의 단어를 알게 되는 거예요!

After-Check

다음 영단어의 우리말 뜻을 쓰시오.

| 정답 131쪽 |

1	cook	_____	11 bake	_____
2	sweet	_____	12 sugar	_____
3	fruit	_____	13 rice	_____
4	fresh	_____	14 dinner	_____
5	salt	_____	15 oil	_____
6	snack	_____	16 delicious	_____
7	lunch	_____	17 meat	_____
8	fry	_____	18 thirsty	_____
9	fast food	_____	19 vegetable	_____
10	noodle	_____	20 breakfast	_____

Transportation
교통수단

Listen & Check

단어를 듣고, 뜻을 아는 단어에 ✔ 표시하세요.

- ☐ boat
- ☐ truck
- ☐ helicopter
- ☐ road
- ☐ bus stop
- ☐ station
- ☐ crosswalk
- ☐ corner
- ☐ drive
- ☐ ride

- ☐ seatbelt
- ☐ helmet
- ☐ fast
- ☐ slow
- ☐ safe
- ☐ dangerous
- ☐ traffic light
- ☐ accident
- ☐ highway
- ☐ speed

Transportation 교통수단

161 **boat**
명 보트
교과서
- You can get there by boat.
  너는 보트를 타고 거기에 갈 수 있어.

162 **truck**
명 트럭

163 **helicopter**
명 헬리콥터

164 **road**
명 도로

165 **bus stop**
버스 정류장
교과서
- Where is the bus stop?
  버스 정류장은 어디인가요?

166 **station**
명 역
➕ train station 기차역
Seoul Station 서울역

167 **crosswalk**
명 횡단보도
교과서
- Annie is walking on the crosswalk.
  Annie는 횡단보도를 건너고 있어.

168 **corner**
명 코너, 모퉁이
교과서
- Go straight and turn left at the corner.
  똑바로 가서 모퉁이에서 왼쪽으로 도세요.

169 **drive**
동 운전하다

170 **ride**
동 타다
회화 필수
- Can you ride a bicycle?
  너는 자전거를 탈 수 있니?

171 **seatbelt**

명 안전벨트

○ 교과서

· Don't forget to wear your seatbelt.
안전벨트 하는 것을 잊지 마.

172 **helmet**

명 헬멧

○ 교과서

· You should wear a helmet.
너는 헬멧을 써야 해.

173 **fast**

형 빠른
부 빨리

174 **slow**

형 느린

175 **safe**

형 안전한

176 **dangerous**

형 위험한

○ 회화 필수

· The road is dangerous.
그 도로는 위험해.

177 **traffic light**

신호등

178 **accident**

명 사고

➕ car accident 자동차 사고
traffic accident 교통사고

179 **highway**

명 고속도로

180 **speed**

명 속도

bus stop

stop과 station은 어떻게 다를까?

bus stop

비슷한 의미인 것 같은 stop과 station! 차이를 알아볼까요?

stop은 버스 등을 타고 내리기 위해 멈추는 장소를 의미하고,

station은 기차, 지하철 등을 기다리거나 표를 살 수 있는

건물을 의미해요.

subway station

헷갈린다면 bus stop과 subway station으로 기억해도 좋아요.

둘 다 자주 사용하는 표현이니 꼭 알아두세요!

After-Check

다음 영단어의 우리말 뜻을 쓰시오. | 정답 132쪽 |

1	drive	_____	11	corner	_____
2	fast	_____	12	accident	_____
3	speed	_____	13	boat	_____
4	truck	_____	14	helmet	_____
5	ride	_____	15	safe	_____
6	road	_____	16	helicopter	_____
7	slow	_____	17	station	_____
8	dangerous	_____	18	seatbelt	_____
9	highway	_____	19	bus stop	_____
10	crosswalk	_____	20	traffic light	_____

Shopping
쇼핑

Listen & Check

단어를 듣고, 뜻을 아는 단어에 ✔ 표시하세요.

- [ ] **need**
- [ ] **look for**
- [ ] **free**
- [ ] **pay**
- [ ] **cost**
- [ ] **spend**
- [ ] **cheap**
- [ ] **expensive**
- [ ] **discount**
- [ ] **pick**

- [ ] **cash**
- [ ] **credit card**
- [ ] **shopping mall**
- [ ] **clerk**
- [ ] **order**
- [ ] **bill**
- [ ] **purchase**
- [ ] **customer**
- [ ] **plastic bag**
- [ ] **receipt**

Shopping 쇼핑

181 **need** 　　동 필요로 하다
회화 **필수**
- I need a new bicycle.
나는 새 자전거가 필요해.

182 **look for** 　　~을 찾다
회화 **필수**
- What are you looking for?
무엇을 찾고 있나요?

183 **free** 　　형 1 무료의　　2 자유로운

184 **pay** 　　동 지불하다

185 **cost** 　　동 (값이) ~이다
명 비용

186 **spend** 　　동 1 (돈을) 쓰다　　2 (시간을) 보내다

187 **cheap** 　　형 싼

188 **expensive** 　　형 비싼
교과서
- I think it's expensive.
내 생각에 그건 비싸.

189 **discount** 　　명 할인
회화 **필수**
- Can you give me a discount?
할인해 주실 수 있나요?

190 **pick** 　　동 고르다

Listen & Check
1 2 3 4

191 **cash**

⊕ 현금

192 **credit card**

신용카드 ──────────── 회화필수

- Can I pay by credit card?
  신용카드로 지불해도 되나요?

193 **shopping mall**

쇼핑몰

194 **clerk**

⊕ 점원

195 **order**

⊕ 주문하다
⊕ 주문 ──────────── 회화필수

- You can order food online.
  온라인으로 음식을 주문할 수 있어요.

196 **bill**

⊕ 청구서

197 **purchase**

⊕ 구입하다

198 **customer**

⊕ 손님, 고객

199 **plastic bag**

비닐봉지 ──────────── 교과서

- Don't use a paper cup or a plastic bag.
  종이컵이나 비닐봉지를 사용하지 마세요.

200 **receipt**

⊕ 영수증

Word master 초등 COMPLETE DAY 10

47

plastic bag 비닐봉지는 영어로 비닐 백?

우리가 흔히 쓰는 비닐봉지는 영어로 비닐 백(vinyl bag)이 아니에요!

비닐봉지의 올바른 영어 표현은 plastic bag입니다.

plastic bag

플라스틱 백은 플라스틱 가방이 아니라는 것, 꼭 기억하세요!

한 가지 더!

plastic bag(비닐봉지)과 함께 paper bag(종이봉투)도

자주 쓰는 표현이니 꼭 기억해 두세요.

마트에서 점원이 Paper or plastic?이라고 물어보면

당황하지 않고 대답할 수 있겠죠?

paper bag

After-Check

다음 영단어의 우리말 뜻을 쓰시오. | 정답 132쪽 |

1	spend	_____	11	discount	_____
2	pay	_____	12	free	_____
3	customer	_____	13	order	_____
4	cheap	_____	14	pick	_____
5	need	_____	15	bill	_____
6	plastic bag	_____	16	receipt	_____
7	clerk	_____	17	look for	_____
8	expensive	_____	18	cash	_____
9	cost	_____	19	purchase	_____
10	shopping mall	_____	20	credit card	_____

Numbers &
Amount

수와 양

Pre-Check

학습 날짜   월   일

Listen & Check

단어를 듣고, 뜻을 아는 단어에 ✔ 표시하세요.

- ☐ zero
- ☐ eleven
- ☐ twelve
- ☐ thirteen
- ☐ twenty
- ☐ thirty
- ☐ forty
- ☐ many
- ☐ much
- ☐ more

- ☐ some
- ☐ half
- ☐ enough
- ☐ total
- ☐ count
- ☐ add
- ☐ number
- ☐ hundred
- ☐ thousand
- ☐ million

Numbers & Amount 수와 양

201 **zero** 몡 0, 영

202 **eleven** 몡 11, 열하나

- We're eleven years old.
  우리는 열한 살이에요.

203 **twelve** 몡 12, 열둘

204 **thirteen** 몡 13, 열셋

205 **twenty** 몡 20, 스물

206 **thirty** 몡 30, 서른

207 **forty** 몡 40, 마흔

208 **many** 혱 (수가) 많은

- I saw many birds there.
  나는 그곳에서 많은 새들을 봤어.

209 **much** 혱 (양이) 많은

210 **more** 혱 더 많은
              믁 더

- Wash your hands more often.
  손을 더 자주 씻어라.

Listen & Check
1 2 3 4

211 some

형 약간의, 몇몇의 ◦ 교과서

- I took some pictures.
  나는 사진을 몇 장 찍었다.

212 half

명 반, 절반

⊕ half an hour 30분

213 enough

형 충분한 ◦ 회화 필수

- We have enough food.
  우리는 충분한 음식이 있어.

214 total

명 합계

215 count

동 세다 ◦ 회화 필수

- Let's count from one to twelve.
  1에서 12까지 세어 보자.

216 add

동 더하다

217 number

명 1 숫자   2 번호 ◦ 교과서

- Take Bus Number 17.
  17번 버스를 타세요.

218 hundred

명 100, 백

219 thousand

명 1,000, 천 ◦ 교과서

- It's six thousand won.
  그것은 6천 원이에요.

220 million

1,000,000

명 100만

Word master 초등 COMPLETE DAY 11

51

number 넘버원의 의미를 알고 있나요?

영어에서는 1번, 2번이라고 말할 때, 우리말과는 반대로 number를 먼저 쓰고 다음에 숫자를 써요.

number one(1), number two(2), number three(3), …….

이렇게요. 이런 경우 number는 간단하게 줄여서 no.로 표시해요.

no. 1, no. 2처럼요.

우리가 자주 쓰는 '넘버원'이라는 말은 number(숫자, 번호)와 one(1)이 합쳐진 말이에요.

'1등'이기 때문에 '으뜸, 최고'라는 의미를 나타내는 말이 된 거죠.

요즘에는 1등보다 더 뛰어나다는 의미로 number zero라는 말도 쓴다고 해요!

After-Check 다음 영단어의 우리말 뜻을 쓰시오.　| 정답 132쪽 |

1	many	11	much
2	half	12	enough
3	total	13	hundred
4	thirteen	14	thirty
5	forty	15	eleven
6	some	16	twenty
7	zero	17	add
8	twelve	18	thousand
9	million	19	count
10	more	20	number

Hobbies &
Leisure
취미와 레저

Pre-Check   학습 날짜   월   일

 Listen
& Check

단어를 듣고, 뜻을 아는 단어에 ✔ 표시하세요.

- ☐ hobby
- ☐ like
- ☐ enjoy
- ☐ movie
- ☐ game
- ☐ sing
- ☐ dance
- ☐ draw
- ☐ swim
- ☐ climb

- ☐ collect
- ☐ free time
- ☐ exciting
- ☐ fun
- ☐ adventure
- ☐ sports
- ☐ hike
- ☐ indoor
- ☐ outdoor
- ☐ activity

Hobbies & Leisure 취미와 레저

221	**hobby**	명 취미

○ 회화필수

- What are your hobbies? 네 취미가 뭐니?

222	**like**	동 좋아하다

223	**enjoy**	동 즐기다

224	**movie**	명 영화

○ 교과서

- I usually watch a movie on Saturday.
  나는 토요일에 주로 영화를 봐.

225	**game**	명 게임

➕ board game 보드 게임
computer game 컴퓨터 게임

226	**sing**	동 노래하다

227	**dance**	명 춤
		동 춤추다

228	**draw**	동 그리다

○ 교과서

- I want to draw great pictures like van Gogh.
  나는 반 고흐처럼 훌륭한 그림을 그리고 싶어.

229	**swim**	동 수영하다

230	**climb**	동 오르다

○ 교과서

- I want to climb Hallasan.
  나는 한라산을 오르고 싶어.

Listen & Check
1 2 3 4

231 **collect**

동 모으다

232 **free time**

자유 시간 ○ 회화 필수

• What do you do in your free time?
자유 시간에는 무엇을 하니?

233 **exciting**

형 신나는

234 **fun**

명 재미
형 재미있는 ○ 교과서

• It will be fun! 그것은 재미있을 거야!

235 **adventure**

명 모험

236 **sports**

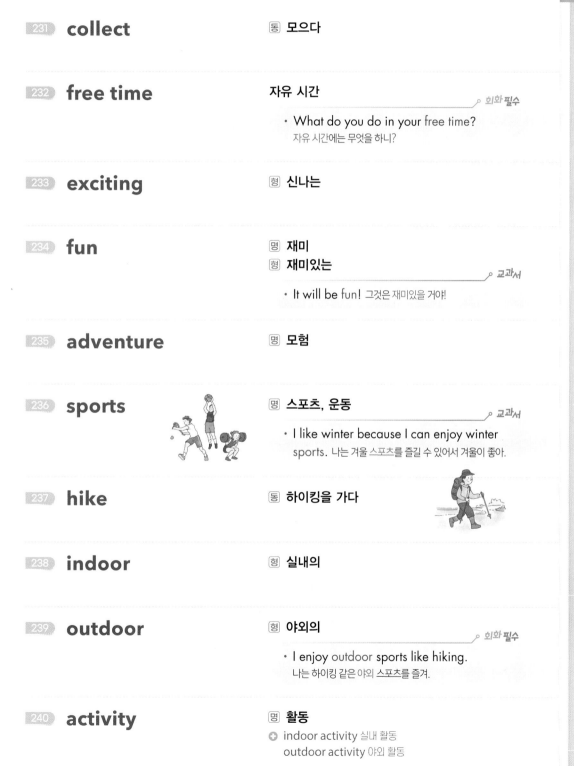

명 스포츠, 운동 ○ 교과서

• I like winter because I can enjoy winter
sports. 나는 겨울 스포츠를 즐길 수 있어서 겨울이 좋아.

237 **hike**

동 하이킹을 가다

238 **indoor**

형 실내의

239 **outdoor**

형 야외의 ○ 회화 필수

• I enjoy outdoor sports like hiking.
나는 하이킹 같은 야외 스포츠를 즐겨.

240 **activity**

명 활동
⊕ indoor activity 실내 활동
outdoor activity 야외 활동

draw 그림 그리는 것을 좋아해!

I like to draw a picture.

I like to paint a picture.

위의 두 문장은 우리말로는 둘 다 '나는 그림 그리는 것을 좋아해.'라는 뜻이지만 문장 속 의미는 달라요.

draw는 선으로 그림을 그린다는 의미이고, paint는 색칠을 하며 그림을 그린다는 의미를 포함해요.

그래서 화가들을 영어로 painter라고 부르기도 해요. 연필로 스케치를 하는 건 draw일까요? paint일까요?

색칠을 하는 것이 아니므로 이때에는 draw를 써야 해요. 앞으로는 draw와 paint를 구분해서 쓰기로 해요!

After-Check 다음 영단어의 우리말 뜻을 쓰시오. |정답 132쪽|

1	like	_____	11	enjoy	_____
2	draw	_____	12	sing	_____
3	hobby	_____	13	adventure	_____
4	dance	_____	14	activity	_____
5	fun	_____	15	movie	_____
6	collect	_____	16	indoor	_____
7	sports	_____	17	hike	_____
8	game	_____	18	climb	_____
9	exciting	_____	19	outdoor	_____
10	swim	_____	20	free time	_____

Sports
스포츠

Pre-Check

학습 날짜   월   일

단어를 듣고, 뜻을 아는 단어에 ✔ 표시하세요.

- ☐ throw
- ☐ kick
- ☐ shoot
- ☐ player
- ☐ race
- ☐ soccer
- ☐ tennis
- ☐ baseball
- ☐ basketball
- ☐ badminton

- ☐ jump rope
- ☐ exercise
- ☐ sweat
- ☐ practice
- ☐ score
- ☐ target
- ☐ win
- ☐ lose
- ☐ goal
- ☐ compete

Sports 스포츠

241 **throw** 동 던지다
회화 필수
• Jack, throw a ball! Jack, 공을 던져!

242 **kick** 동 (발로) 차다

243 **shoot** 동 슛을 하다

244 **player** 명 운동선수
교과서
• You are a good basketball player.
너는 뛰어난 농구 선수구나.

245 **race** 명 경주

246 **soccer** 명 축구
교과서
• You're good at playing soccer. 너는 축구를 잘해.

247 **tennis** 명 테니스

248 **baseball** 명 야구

249 **basketball** 명 농구
교과서
• My favorite sport is basketball.
내가 가장 좋아하는 운동은 농구야.

250 **badminton** 명 배드민턴

Listen & Check
1 2 3 4

251 **jump rope** 줄넘기

252 **exercise** 명 운동
동 운동하다

253 **sweat** 명 땀

254 **practice** 명 연습
동 연습하다
○ 회화 필수
• You should practice more.
너는 더 많이 연습해야 해.

255 **score** 명 득점
동 (득점을) 하다

256 **target** 명 표적, 목표

257 **win** 동 이기다
○ 교과서
• Our team won the soccer game.
우리 팀이 축구 경기에서 이겼어.

258 **lose** 동 지다

259 **goal** 명 1 골, 득점   2 목표
○ 교과서
• I want to score a goal next time.
나는 다음에는 골을 넣고 싶어.

260 **compete** 동 경쟁하다

Word master 초등 COMPLETE DAY 13

59

soccer football이 축구가 아니라고?

soccer와 football은 둘 다 '축구'를 의미하는 단어가 맞아요.

하지만 나라에 따라 다르게 사용되는 경우가 있으니

주의해야 해요.

우리가 알고 있는 '축구'는 우리나라를 비롯해

미국, 호주, 일본, 남아공 등의 국가에서는

soccer, 영국 및 유럽 국가에서는 football이라고 해요.

미국에서 football은 '미식축구'를 의미한다는 점도

꼭 기억해 두세요!

After-Check

다음 영단어의 우리말 뜻을 쓰시오. | 정답 133쪽 |

1	player		11	race	
2	tennis		12	goal	
3	soccer		13	shoot	
4	score		14	practice	
5	exercise		15	lose	
6	throw		16	basketball	
7	win		17	compete	
8	baseball		18	sweat	
9	kick		19	badminton	
10	target		20	jump rope	

The City
도시

단어를 듣고, 뜻을 아는 단어에 ✔ 표시하세요.

- [ ] town
- [ ] area
- [ ] city
- [ ] street
- [ ] block
- [ ] building
- [ ] live
- [ ] move
- [ ] local
- [ ] crowded

- [ ] busy
- [ ] exhibit
- [ ] concert
- [ ] city hall
- [ ] map
- [ ] traffic jam
- [ ] apartment
- [ ] skyscraper
- [ ] tower
- [ ] bridge

The City 도시

261 town   명 소도시

262 area   명 지역

263 city   명 도시

264 street   명 거리

265 block   명 구역, 블록

교과서
- Go straight one block and turn right.
  한 블록 직진하고 오른쪽으로 도세요.

266 building   명 건물

교과서
- We have space behind the building.
  우리는 그 건물 뒤에 공간이 있어.

267 live   동 살다

교과서
- I live in Sydney, Australia.
  나는 호주의 시드니에 살아.

268 move   동 이사하다

교과서
- Pippi moved to a new town.
  삐삐가 새로운 마을로 이사했다.

269 local   형 지역의
- local food 지역 음식
  local newspaper 지역 신문

270 crowded   형 붐비는

271 **busy**

형 바쁜

회화필수

- Are you busy now? 지금 바빠요?

272 **exhibit**

동 전시하다

273 **concert**

명 콘서트

274 **city hall**

시청

275 **map**

명 지도

교과서

- Kim Jeongho made the map in 1861.
김정호는 1861년에 그 지도를 만들었다.

276 **traffic jam**

교통 체증

277 **apartment**

명 아파트

278 **skyscraper**

명 고층 빌딩

279 **tower**

명 탑, 타워

교과서

- Many people visit the tower every year.
많은 사람들이 매년 그 탑을 방문한다.

280 **bridge**

명 다리

city   도시를 나타내는 단어들

영어로 '도시'라고 하면 어떤 단어가 떠오르나요?

보통은 city를 생각하겠지만

town이 떠오르는 사람도 있을 거예요.

둘 다 맞아요. 하지만 차이는 있어요.

↳ city

서울처럼 큰 도시를 말할 때는 city를 써요.

서울시는 Seoul city라고 하는데, Seoul town이라고 하진 않아요.

town은 city보다는 작은 도시를 나타내거든요.

도시가 아니더라도 사람이 많은 지역(=시내)을 나타내기도 해요.

비슷하지만 다른 city와 town의 차이를 기억하세요!

↳ town

After-Check   다음 영단어의 우리말 뜻을 쓰시오. | 정답 133쪽 |

1	map		11	bridge	
2	building		12	move	
3	street		13	busy	
4	live		14	town	
5	city hall		15	exhibit	
6	concert		16	tower	
7	apartment		17	area	
8	block		18	crowded	
9	local		19	skyscraper	
10	city		20	traffic jam	

Vacation & Travel
휴가와 여행

Pre-Check   학습 날짜   월   일

  Listen & Check

단어를 듣고, 뜻을 아는 단어에 ✔ 표시하세요.

- [ ] picnic
- [ ] travel
- [ ] visit
- [ ] relax
- [ ] campfire
- [ ] place
- [ ] sail
- [ ] surf
- [ ] wave
- [ ] beach

- [ ] weekend
- [ ] hotel
- [ ] holiday
- [ ] memory
- [ ] experience
- [ ] passport
- [ ] stay
- [ ] reserve
- [ ] arrive
- [ ] cancel

Vacation & Travel 휴가와 여행

281 picnic

몡 소풍

○ 회화 필수

• Let's go on a picnic. 소풍 가자.

282 travel

동 여행하다
몡 여행

○ 교과서

• I want to travel to many countries.
나는 많은 나라를 여행하고 싶어.

283 visit

동 방문하다
몡 방문

○ 교과서

• We're going to visit the toy museum.
우리는 장난감 박물관을 방문할 거야.

284 relax

동 쉬다

285 campfire

몡 캠프파이어, 모닥불

○ 교과서

• You can sing and dance by the campfire.
너는 모닥불 옆에서 노래하고 춤출 수 있어.

286 place

몡 장소

287 sail

동 항해하다

288 surf

동 서핑하다

289 wave

몡 파도

290 beach

몡 해변

○ 교과서

• I will swim at the beach. 나는 해변에서 수영할 거야.

| 291 | **weekend** | 몡 주말 |

○ 교과서
- What will you do this weekend?
  이번 주말에 무엇을 할 거니?

| 292 | **hotel** | 몡 호텔 |

| 293 | **holiday** | 몡 공휴일 |

| 294 | **memory** | 몡 기억 |

| 295 | **experience** | 몡 경험 |

| 296 | **passport** | 몡 여권 |

○ 회화필수
- Please show me your passport.
  저에게 여권을 보여 주세요.

| 297 | **stay** | 동 머무르다 |

| 298 | **reserve** | 동 예약하다 |

○ 회화필수
- I'd like to reserve a room.
  방을 예약하고 싶어요.

| 299 | **arrive** | 동 도착하다 |

| 300 | **cancel** | 동 취소하다 |

weekend   주말은 왜 weekend일까?

주말을 의미하는 weekend라는 단어를 잘 살펴보세요.

week(주)라는 말과 end(끝)라는 말이 합해진 단어라는 점을 발견할 수 있어요.

일주일의 끝은 곧 주말이니까요. 기억하기 쉽죠?

그렇다면 주말의 반대인 평일을 뜻하는 단어는 무엇일까요?

바로 weekday입니다. week와 day가 합해진 단어예요.

week+end = weekend (주말)   week+day = weekday (평일)

이렇게 영어 단어의 의미를 알면, 훨씬 쉽게 기억할 수 있을 거예요!

Mon | Tue | Wed | Thu | Fri | Sat | Sun

weekday   weekend

After-Check   다음 영단어의 우리말 뜻을 쓰시오. | 정답 133쪽 |

1	visit	_____	11	wave	_____
2	place	_____	12	hotel	_____
3	picnic	_____	13	relax	_____
4	passport	_____	14	arrive	_____
5	beach	_____	15	holiday	_____
6	surf	_____	16	cancel	_____
7	travel	_____	17	experience	_____
8	stay	_____	18	campfire	_____
9	memory	_____	19	reserve	_____
10	sail	_____	20	weekend	_____

Events & Anniversaries
이벤트와 기념일

Pre-Check

학습 날짜   월   일

Listen & Check

단어를 듣고, 뜻을 아는 단어에 ✔ 표시하세요.

- [ ] party
- [ ] gift
- [ ] invite
- [ ] guest
- [ ] card
- [ ] candle
- [ ] present
- [ ] date
- [ ] special
- [ ] balloon

- [ ] birthday
- [ ] wedding
- [ ] couple
- [ ] magic
- [ ] festival
- [ ] together
- [ ] crowd
- [ ] photograph
- [ ] costume
- [ ] congratulate

Events & Anniversaries
이벤트와 기념일

301	**party**	몡 파티
		⊕ birthday party 생일 파티

302	**gift**	몡 선물
		╭ 교과서
		• I bought a gift for you. 나는 널 위한 선물을 샀어.

303	**invite**	통 초대하다
		╭ 회화필수
		• Kate invited me to the party.
		Kate가 나를 파티에 초대했어.

304	**guest**	몡 손님

305	**card**	몡 카드
		╭ 교과서
		• I sent a card to my grandmother.
		나는 할머니께 카드를 보냈어.

306	**candle**	몡 양초

307	**present**	몡 선물
		╭ 교과서
		• The Statue of Liberty was a present from France to the U.S.A.
		자유의 여신상은 프랑스에서 미국에 보낸 선물이었다.

308	**date**	몡 날짜

309	**special**	혱 특별한
		╭ 회화필수
		• It was a special day for me.
		나에게 특별한 날이었어.

310	**balloon**	몡 풍선

Listen & Check
1 2 3 4

311 **birthday**

명 생일

○ 교과서

- My mother's birthday is June 1.
  우리 어머니의 생일은 6월 1일이다.

312 **wedding**

명 결혼식

313 **couple**

명 커플, 부부

314 **magic**

명 마법
형 마법의

○ 교과서

- Welcome to our magic school.
  우리 마법 학교에 오신 것을 환영합니다.

315 **festival**

명 축제, 페스티벌

○ 교과서

- The book festival is on April 30th.
  책 축제는 4월 30일이다.

316 **together**

부 함께

○ 교과서

- Let's go camping together. 함께 캠핑하러 가자.

317 **crowd**

명 사람들, 군중

318 **photograph**

명 사진

319 **costume**

명 의상

320 **congratulate**

동 축하하다

Word master 초등 COMPLETE DAY 16

party 미국 아이들의 생일 파티 문화

미국의 아이들은 자신의 생일 파티를 열기 위해 준비할 게 많다고 합니다.

미국 아이들은 생일 파티를 할 때 테마를 정하는 경우가 많아요.

좋아하는 캐릭터로 테마를 정하거나

해변, 화산과 같이 특정한 장소를 테마로 정하는 경우도 있어요.

birthday party

birthday card

테마가 정해지면 이 테마에 맞게

생일 케이크와 초대장, 파티 장소 등을 차례로 준비합니다.

자신의 생일 파티를 준비하는 과정이 마치 파티 플래너 같지 않나요?

After-Check
다음 영단어의 우리말 뜻을 쓰시오. | 정답 133쪽 |

1 present _____

2 special _____

3 candle _____

4 couple _____

5 date _____

6 together _____

7 card _____

8 balloon _____

9 congratulate _____

10 guest _____

11 party _____

12 magic _____

13 birthday _____

14 festival _____

15 gift _____

16 costume _____

17 invite _____

18 crowd _____

19 wedding _____

20 photograph _____

DAY 17

Nature
자연

Listen & Check

단어를 듣고, 뜻을 아는 단어에 ✔ 표시하세요.

- ☐ sand
- ☐ desert
- ☐ forest
- ☐ leaf
- ☐ soil
- ☐ cliff
- ☐ island
- ☐ ocean
- ☐ fog
- ☐ storm

- ☐ flood
- ☐ nature
- ☐ season
- ☐ South Pole
- ☐ North Pole
- ☐ iceberg
- ☐ climate
- ☐ weather
- ☐ forecast
- ☐ atmosphere

Nature 자연

321 **sand** 명 모래

322 **desert** 명 사막

회화 필수

· It is very hot in the desert. 사막은 매우 더워.

323 **forest** 명 숲

324 **leaf** 명 (나뭇)잎

교과서

· I like fall because the leaves are colorful.
나는 나뭇잎들의 색이 화려해서 가을이 좋아.

325 **soil** 명 흙

326 **cliff** 명 절벽

327 **island** 명 섬

328 **ocean** 명 바다

회화 필수

· You can see dolphins in the ocean.
바다에서는 돌고래를 볼 수 있어.

329 **fog** 명 안개

330 **storm** 명 폭풍

Listen & Check
1 2 3 4

331 **flood**

명 홍수

332 **nature**

명 자연

회화필수

· I love nature. 나는 자연을 좋아해.

333 **season**

명 계절

교과서

· What season do you like? 너는 어떤 계절을 좋아해?

334 **South Pole**

남극

교과서

· Jang Bogo Station is in the South Pole.
장보고 기지는 남극에 있어.

335 **North Pole**

북극

336 **iceberg**

명 빙하

337 **climate**

명 기후

338 **weather**

명 날씨

교과서

· The sky is clear and the weather is cool.
하늘은 맑고 날씨는 시원해.

339 **forecast**

동 예상하다
명 예보

➕ weather forecast 일기 예보

340 **atmosphere**

명 대기

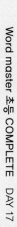

desert desert와 dessert를 헷갈리지 마세요!

얼핏 보면 같은 단어로 착각하기 쉬운 두 단어가 있어요.

바로 desert와 dessert입니다.

desert는 사막이라는 뜻이에요.

desert에서 s를 한 번 더 쓴 dessert는 디저트,

즉 후식이라는 뜻이고요.

그렇다면 간단한 테스트! 빈칸에 들어갈 말을 맞혀 보세요.

1 The _____ is very hot! 사막은 매우 더워!

2 I had ice cream for _____. 나는 후식으로 아이스크림을 먹었어.

비슷하게 생겼지만, 완전히 다른 두 단어, 헷갈리지 않게 주의하세요!

After-Check

다음 영단어의 우리말 뜻을 쓰시오. | 정답 134쪽 |

1	leaf	_____	11	soil	_____
2	ocean	_____	12	island	_____
3	nature	_____	13	iceberg	_____
4	season	_____	14	weather	_____
5	forest	_____	15	cliff	_____
6	storm	_____	16	desert	_____
7	climate	_____	17	atmosphere	_____
8	fog	_____	18	forecast	_____
9	South Pole	_____	19	flood	_____
10	sand	_____	20	North Pole	_____

DAY 18

Animals

동물

Pre-Check

학습 날짜   월   일

Listen & Check

단어를 듣고, 뜻을 아는 단어에 ✔ 표시하세요.

- ☐ bird
- ☐ zebra
- ☐ elephant
- ☐ bee
- ☐ wolf
- ☐ giraffe
- ☐ wing
- ☐ tail
- ☐ nest
- ☐ pet

- ☐ alive
- ☐ dead
- ☐ grow
- ☐ feed
- ☐ insect
- ☐ cattle
- ☐ wild animal
- ☐ species
- ☐ birth
- ☐ breathe

Animals 동물

341 **bird**

명 새

⌐교과서

- I saw many sea birds there.
나는 그곳에서 많은 바닷새들을 봤어.

342 **zebra**

명 얼룩말

343 **elephant**

명 코끼리

⌐교과서

- The elephant is bigger than the bird.
코끼리는 새보다 더 크다.

344 **bee**

명 벌

345 **wolf**

명 늑대

346 **giraffe**

명 기린

347 **wing**

명 날개

⌐회화필수

- Birds can fly because they have wings.
새들은 날개가 있어서 날 수 있어.

348 **tail**

명 꼬리

⌐회화필수

- A rabbit's tail is short. 토끼의 꼬리는 짧아.

349 **nest**

명 둥지

350 **pet**

명 반려동물

Listen & Check
1 2 3 4

351 **alive**

형 살아 있는

회화 필수

• Is it alive? 그거 살아 있어?

352 **dead**

형 죽은

353 **grow**

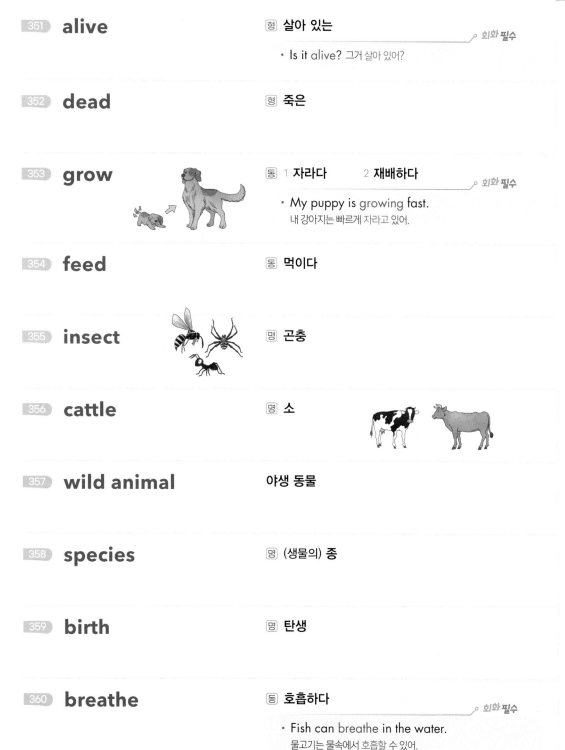

동 1 자라다   2 재배하다

회화 필수

• My puppy is growing fast.
내 강아지는 빠르게 자라고 있어.

354 **feed**

동 먹이다

355 **insect**

명 곤충

356 **cattle**

명 소

357 **wild animal**

야생 동물

358 **species**

명 (생물의) 종

359 **birth**

명 탄생

360 **breathe**

동 호흡하다

회화 필수

• Fish can breathe in the water.
물고기는 물속에서 호흡할 수 있어.

cattle   cow? cattle? 소를 나타내는 여러 가지 말

황소, 젖소, 송아지…는 전부 소를 나타내는 단어예요.

그렇다면 영어는 어떨까요?

영어도 마찬가지로 소를 나타내는 단어가 여러 가지입니다.

'소' 하면 가장 먼저 떠오르는 단어는 바로 cow!

cow는 '암소'나 '젖소'를 의미해요.

그렇다면 '수소(= 황소)'는 무엇일까요? 바로 bull입니다.

초롱초롱한 눈망울의 '송아지'는 calf라고 하고요.

그렇다면 cattle은 언제 쓸까요?

여러 마리의 소들, 즉 '소떼'를 가리킬 때 cattle을 쓰면 돼요!

After-Check

다음 영단어의 우리말 뜻을 쓰시오. | 정답 134쪽 |

1	bee	_____	11	giraffe	_____
2	pet	_____	12	feed	_____
3	elephant	_____	13	cattle	_____
4	grow	_____	14	wing	_____
5	species	_____	15	breathe	_____
6	wolf	_____	16	dead	_____
7	birth	_____	17	zebra	_____
8	alive	_____	18	tail	_____
9	bird	_____	19	insect	_____
10	nest	_____	20	wild animal	_____

The Environment
환경

Listen & Check

단어를 듣고, 뜻을 아는 단어에 ✔ 표시하세요.

- ☐ wild
- ☐ hunt
- ☐ prey
- ☐ danger
- ☐ waste
- ☐ trash
- ☐ fuel
- ☐ protect
- ☐ recycle
- ☐ reuse

- ☐ harmful
- ☐ poison
- ☐ save
- ☐ energy
- ☐ warn
- ☐ pollution
- ☐ survive
- ☐ extinct
- ☐ resource
- ☐ global warming

The Environment 환경

361 wild

형 야생의

➕ wild animal 야생 동물

362 hunt

동 사냥하다
명 사냥

363 prey

명 먹이

364 danger

명 위험

365 waste

명 쓰레기
동 낭비하다

366 trash

명 쓰레기

교과서

- Pick up the trash, please. 쓰레기를 주워 주세요.

367 fuel

명 연료

368 protect

동 보호하다

회화 필수

- We should protect plants and animals.
  우리는 식물과 동물을 보호해야 해.

369 recycle

동 재활용하다

교과서

- We can recycle cans and bottles.
  우리는 캔과 병을 재활용할 수 있어.

370 reuse

동 재사용하다

교과서

- How about reusing plastic bottles?
  플라스틱 병을 재사용하는 게 어때?

Listen & Check
① ② ③ ④

371 **harmful** 형 해로운

372 **poison** 명 독

373 **save** 동 1 **지키다** 2 **절약하다** ⟋ 교과서
- Let's save the earth. 지구를 지키자.
- We should save water. 우리는 물을 절약해야 해.

374 **energy** 명 에너지 ⟋ 교과서
- We can save energy. 우리는 에너지를 절약할 수 있어.

375 **warn** 동 경고하다

376 **pollution** 명 오염
➕ water pollution 수질 오염
air pollution 대기 오염

377 **survive** 동 살아남다

378 **extinct** 형 멸종된 ⟋ 회화필수
- Dinosaurs became extinct a long time ago.
공룡은 오래전에 멸종되었다.

379 **resource** 명 자원
➕ natural resource 천연 자원

380 **global warming** 지구 온난화

recycle | 환경을 생각한다면, recycle! reuse!

환경을 위한 활동에 자주 사용되는 말에는 recycle(재활용하다)과

reuse(재사용하다)가 있어요.

이 두 단어의 공통점은 무엇일까요?

RECYCLE

REUSE

맞아요. 둘 다 re 로 시작하는 단어라는 점, 우리말로는

'재' 로 시작하는 말이라는 점이 같아요.

re 로 시작하는 단어는 '다시' 라는 의미가 있어요.

그래서 recycle은 '다시 활용하다'라는 의미를,

reuse는 '다시 사용하다'라는 의미를 나타내요.

환경을 위해서 '다시' 활용하고, '다시' 쓰는 습관을 꼭 길러 보세요!

After-Check | 다음 영단어의 우리말 뜻을 쓰시오. | |정답 134쪽|

1	trash	_____	11 danger	_____
2	energy	_____	12 wild	_____
3	fuel	_____	13 waste	_____
4	pollution	_____	14 save	_____
5	prey	_____	15 recycle	_____
6	warn	_____	16 survive	_____
7	protect	_____	17 poison	_____
8	extinct	_____	18 resource	_____
9	hunt	_____	19 harmful	_____
10	reuse	_____	20 global warming	_____

DAY 20

Space
우주

학습 날짜 　월 　일

Listen
&
Check

단어를 듣고, 뜻을 아는 단어에 ✔ 표시하세요.

- ☐ world
- ☐ huge
- ☐ universe
- ☐ earth
- ☐ moon
- ☐ sun
- ☐ star
- ☐ shooting star
- ☐ half moon
- ☐ full moon

- ☐ rocket
- ☐ spaceship
- ☐ space station
- ☐ telescope
- ☐ planet
- ☐ solar system
- ☐ Mercury
- ☐ Venus
- ☐ Mars
- ☐ Jupiter

Space 우주

381 **world** 　명 세계
교과서
- Let's go around the world together.
  함께 세계 여행을 떠나자.

382 **huge** 　형 거대한

383 **universe** 　명 우주

384 **earth** 　명 지구
교과서
- Our small hands can save the earth!
  우리의 작은 손길이 지구를 구할 수 있어요!

385 **moon** 　명 달

386 **sun** 　명 해, 태양
회화필수
- The earth moves around the sun.
  지구는 태양의 주위를 돈다.

387 **star** 　명 별
교과서
- You can look at the beautiful stars at night.
  너는 밤에 아름다운 별들을 볼 수 있어.

388 **shooting star** 　별똥별
회화필수
- Did you see shooting stars last night?
  어젯밤에 별똥별 봤어?

389 **half moon** 　반달

390 **full moon** 　보름달

391 **rocket** 명 로켓

392 **spaceship** 명 우주선

○ 교과서

- You can go inside the spaceship.
여러분은 우주선 안으로 들어갈 수 있어요.

393 **space station** 우주 정거장

394 **telescope** 명 망원경

○ 회화필수

- I need a telescope. 나는 망원경이 필요해.

395 **planet** 명 행성

396 **solar system** 태양계

397 **Mercury** 명 수성

398 **Venus** 명 금성

399 **Mars** 명 화성

400 **Jupiter** 명 목성

달의 여러 가지 이름들

half moon

달의 모양이 여러 가지로 바뀌듯이 달을 부르는 이름도 여러 가지가 있어요.

보름달은 꽉 찬 달이니까 moon(달) 앞에 '가득 찼다'는 의미의 full을 붙여서

full moon이라고 해요.

full moon

마찬가지로 반달은 반만 찼으니까 half moon이라고 불러요.

half moon

그럼 초승달은 영어로 무엇일까요?

초승달은 영어로 new moon이라고 해요.

새로운 주기가 시작되는 달이라서 새로운 달이라는 이름이 붙여졌어요.

new moon

After-Check

다음 영단어의 우리말 뜻을 쓰시오.

| 정답 134쪽 |

1	sun	_____	11	half moon	_____
2	world	_____	12	huge	_____
3	rocket	_____	13	Venus	_____
4	telescope	_____	14	universe	_____
5	star	_____	15	planet	_____
6	Mars	_____	16	Jupiter	_____
7	earth	_____	17	solar system	_____
8	moon	_____	18	space station	_____
9	Mercury	_____	19	full moon	_____
10	spaceship	_____	20	shooting star	_____

Economy
경제

Pre-Check

학습 날짜   월   일

단어를 듣고, 뜻을 아는 단어에 ✔ 표시하세요.

- [ ] poor
- [ ] rich
- [ ] work
- [ ] office
- [ ] earn
- [ ] job
- [ ] business
- [ ] skill
- [ ] succeed
- [ ] income

- [ ] company
- [ ] quit
- [ ] develop
- [ ] effort
- [ ] crisis
- [ ] shock
- [ ] cycle
- [ ] choice
- [ ] trade
- [ ] participate

Economy 경제

401 **poor**

형 가난한 ⸰ 회화 **필수**

· They are very poor. 그들은 매우 가난하다.

402 **rich**

형 부유한

403 **work**

동 일하다
명 일 ⸰ 교과서

· Billy and Gina are working hard.
Billy와 Gina는 열심히 일하고 있다.

404 **office**

명 사무실 ⸰ 교과서

· Where is Dr. White's office?
White 박사님의 사무실은 어디인가요?

405 **earn**

동 (돈을) 벌다

406 **job**

명 직업, 일 ⸰ 교과서

· Betty, Jun, and Lina talked about their future jobs.
Betty, Jun, Lina는 그들의 미래 직업에 대해 이야기했다.

407 **business**

명 사업

408 **skill**

명 기술

409 **succeed**

동 성공하다

410 **income**

명 수입

Listen & Check
1 2 3 4

411 **company**

명 회사
○ 회화 **필수**

· My dad works for the company.
우리 아빠는 그 회사에서 일하신다.

412 **quit**

동 그만두다
○ 회화 **필수**

· Do you want to quit your job?
일을 그만두고 싶나요?

413 **develop**

동 개발하다

414 **effort**

명 노력

415 **crisis**

명 위기

416 **shock**

명 충격

417 **cycle**

명 순환

418 **choice**

명 선택
○ 회화 **필수**

· What's your choice? 너의 선택은 뭐야?

419 **trade**

명 거래
동 거래하다

420 **participate**

동 참여하다

job

Good job은 좋은 직업?

Good job!은 대화할 때 정말 많이 쓰는 말이에요.

그대로 해석하면 '좋은(good) 직업(job)'이지만,

실제로는 '잘했어! 훌륭해! 수고했어!'라고 말하고 싶을 때 사용합니다.

격려하거나 칭찬하는 말은 여러 가지가 있는데,

그중에서도 Good job은 가장 많이 쓰는 말이니 꼭 기억하세요!

굿잡! Good job!

After-Check
다음 영단어의 우리말 뜻을 쓰시오.

| 정답 135쪽 |

1	work	_____	11	poor	_____
2	choice	_____	12	office	_____
3	job	_____	13	trade	_____
4	effort	_____	14	income	_____
5	rich	_____	15	cycle	_____
6	company	_____	16	crisis	_____
7	quit	_____	17	skill	_____
8	shock	_____	18	develop	_____
9	earn	_____	19	business	_____
10	succeed	_____	20	participate	_____

Science
과학

Pre-Check

학습 날짜   월   일

Listen
&
Check

단어를 듣고, 뜻을 아는 단어에 ✓ 표시하세요.

- ☐ expert
- ☐ solve
- ☐ heat
- ☐ weight
- ☐ watch
- ☐ test
- ☐ true
- ☐ fix
- ☐ create
- ☐ exact

- ☐ result
- ☐ clue
- ☐ useful
- ☐ invent
- ☐ research
- ☐ discover
- ☐ problem
- ☐ prove
- ☐ technology
- ☐ theory

Science 과학

421 **expert**
명 전문가
➕ computer expert 컴퓨터 전문가

422 **solve**
동 (문제를) 풀다
회화 필수
· I can solve it. 나는 그것을 풀 수 있어.

423 **heat**
명 열

424 **weight**
명 무게

425 **watch**
동 보다
명 손목시계
교과서
· I watched a 3D movie about stars and space.
나는 별과 우주에 대한 3D 영화를 봤어.

426 **test**
명 시험, 테스트
동 시험하다

427 **true**
형 사실인
교과서
· That's not always true. 그것이 항상 사실은 아니야.

428 **fix**
동 고치다
회화 필수
· My uncle fixed my bike. 삼촌이 내 자전거를 고쳤어.

429 **create**
동 창조하다

430 **exact**
형 정확한

Listen & Check
[1] [2] [3] [4]

431 **result**　　　　　명 결과

432 **clue**　　　　　명 단서

433 **useful**　　　　　형 유용한
　　　　　　　　　　　　　　　　　　　　　교과서

　• They look different, but they are useful.
　그것들은 다르게 생겼지만 유용해.

434 **invent**　　　　　동 발명하다
　　　　　　　　　　　　　　　　　　　　　교과서

　• Who invented the airplane?
　누가 비행기를 발명했나요?

435 **research**　　　　　명 연구
　　　　　　　　　　　동 연구하다

436 **discover**　●　　　　동 발견하다
　　　　　　　　　　　　　　　　　　　　　회화 필수

　• They discovered a new planet.
　그들은 새로운 행성을 발견했어.

437 **problem**　　　　　명 문제
　　　　　　　　　　　　　　　　　　　　　교과서

　• She likes doing math problems.
　그녀는 수학 문제 푸는 것을 좋아해.

438 **prove**　　　　　동 증명하다

439 **technology**　　　　　명 기술

440 **theory**　　　　　명 이론

weight | '살을 빼고 싶어'는 영어로 어떻게 말할까?

weight는 '무게'라는 뜻인데, 물건의 무게뿐만 아니라 몸무게도 weight라고 해요.

몸무게와 관련해서 '살을 빼다' 또는 '살이 찌다'라는 말을 하고 싶을 때도

weight를 이용해서 나타낼 수 있어요.

'살을 뺀다'는 것은 몸무게가 줄어든다는 뜻이므로 → lose(잃다) + weight(체중)

'살이 찐다'는 것은 몸무게가 늘어난다는 뜻이므로 → gain(얻다) + weight(체중)

그러니까 '살을 빼고 싶어'는 I want to lose weight.라고

말하면 되겠죠?

After-Check

다음 영단어의 우리말 뜻을 쓰시오. | 정답 135쪽 |

1	useful	_____	11	watch	_____
2	weight	_____	12	research	_____
3	fix	_____	13	test	_____
4	expert	_____	14	invent	_____
5	problem	_____	15	technology	_____
6	clue	_____	16	heat	_____
7	create	_____	17	true	_____
8	solve	_____	18	discover	_____
9	theory	_____	19	result	_____
10	exact	_____	20	prove	_____

Society
사회

Listen
&
Check

단어를 듣고, 뜻을 아는 단어에 ✔ 표시하세요.

- [ ] past
- [ ] duty
- [ ] promise
- [ ] relationship
- [ ] act
- [ ] speech
- [ ] join
- [ ] law
- [ ] rule
- [ ] elect

- [ ] culture
- [ ] traditional
- [ ] god
- [ ] hero
- [ ] president
- [ ] public
- [ ] country
- [ ] foreign
- [ ] social
- [ ] religion

Society 사회

441 past

명 과거

442 duty

명 의무

443 promise

동 약속하다
명 약속

ㅇ 회화**필수**

- I promise you. 너에게 약속할게.

444 relationship

명 관계

445 act

동 행동하다

446 speech

명 연설

ㅇ 회화**필수**

- His speech was boring.
  그의 연설은 지루했다.

447 join

동 가입하다

ㅇ 교과서

- Please join our club. 우리 동아리에 가입하세요.

448 law

명 법

449 rule

명 규칙

ㅇ 회화**필수**

- You should follow the rules. 너는 규칙을 따라야 한다.

450 elect

동 선출하다

ㅇ 회화**필수**

- We elected her president.
  우리는 그녀를 대통령으로 선출했다.

Listen & Check
1 2 3 4

451 **culture**　　명 문화

452 **traditional**　　형 전통적인　　⊙ 교과서
- *Minhwa* is a traditional Korean painting.
  민화는 한국의 전통적인 회화이다.

453 **god**　　명 신

454 **hero**　　명 영웅

455 **president**　　명 대통령

456 **public**　　형 공공의
➕ public place 공공장소

457 **country**　　명 나라　　⊙ 교과서
- We travel around many countries together.
  우리는 많은 나라를 함께 여행한다.

458 **foreign**　　형 외국의
➕ foreign language 외국어

459 **social**　　형 사회의
➕ social problem 사회 문제

460 **religion**　　명 종교

god

오, 신이시여!

Oh, my god!(오 마이 갓!)이라고 말하는 것 들어 본 적이 있을 거예요.

말 그대로 '오, 하느님!'이라는 뜻으로, '맙소사, 오, 신이시여'라고

해석하기도 해요.

신의 이름을 부를 정도로 놀라거나 당황했을 때 사용하는 말이에요.

그런데 주의할 점이 있어요. 이렇게 신을 직접 언급하는 건 종교적인 이유로 불편하게 느낄 수 있답니다.

그래서 Oh, my goodness! 또는 Oh, my gosh!처럼

돌려 말하는 표현을 쓰는 게 좋아요.

한 가지 더! Oh, my god/goodness/gosh!의 줄임말인

OMG도 같이 기억하세요!

After-Check 다음 영단어의 우리말 뜻을 쓰시오. | 정답 135쪽 |

1	act	___	11	past ___
2	speech	___	12	join ___
3	social	___	13	rule ___
4	elect	___	14	public ___
5	god	___	15	traditional ___
6	country	___	16	duty ___
7	culture	___	17	religion ___
8	hero	___	18	foreign ___
9	law	___	19	president ___
10	promise	___	20	relationship ___

Internet & Media

인터넷과 미디어

단어를 듣고, 뜻을 아는 단어에 ✔ 표시하세요.

- ☐ computer
- ☐ laptop
- ☐ call
- ☐ cell phone
- ☐ send
- ☐ email
- ☐ network
- ☐ print
- ☐ fan
- ☐ title

- ☐ stage
- ☐ program
- ☐ popular
- ☐ online
- ☐ real
- ☐ famous
- ☐ information
- ☐ international
- ☐ communication
- ☐ connect

Internet & Media 인터넷과 미디어

461 **computer**

명 컴퓨터

회화**필수**

· I need a new computer. 나는 새 컴퓨터가 필요해.

462 **laptop**

명 휴대용 컴퓨터, 노트북

463 **call**

동 1 전화하다　　2 부르다

464 **cell phone**

휴대전화

교과서

· Using a cell phone is good.
휴대전화를 사용하는 것은 좋아.

465 **send**

동 보내다

466 **email**

명 이메일

교과서

· I will send an email to Emily.
나는 Emily에게 이메일을 보낼 거야.

467 **network**

명 네트워크

468 **print**

동 인쇄하다

469 **fan**

명 1 팬　　2 선풍기

470 **title**

명 제목

Listen & Check
1 2 3 4

471 **stage**

명 무대

---

472 **program**

명 프로그램

---

473 **popular**

형 인기 있는

회화 **필수**

· The song is popular among teenagers.
그 노래는 십 대들 사이에서 인기 있어.

---

474 **online**

형 온라인의

회화 **필수**

· Do you like online shopping?
온라인 쇼핑을 좋아하니?

---

475 **real**

형 진짜의, 실제의

---

476 **famous**

형 유명한

교과서

· There is a famous tower in Spain.
스페인에는 유명한 탑이 있다.

---

477 **information**

명 정보

---

478 **international**

형 국제적인

교과서

· I'm in the International Space Station.
저는 국제 우주 정거장에 있습니다.

---

479 **communication**

명 의사소통

---

480 **connect**

동 접속하다, 연결하다

laptop 노트북과 랩탑

우리나라에서 노트북이라고 흔히 부르는 컴퓨터는 노트북이 아니에요.

laptop(랩탑)이 올바른 영어 표현이에요.

lap(무릎)과 top(위)이라는 단어가 합쳐진 것으로

무릎 위에 올려 두고 사용할 수 있는 컴퓨터라고 생각하면 돼요.

영어를 사용하는 나라에서는 노트북(notebook)을

공책이라고 생각할 수 있으니,

올바른 영어 표현인 laptop을 꼭 기억하세요!

After-Check
다음 영단어의 우리말 뜻을 쓰시오. | 정답 135쪽 |

1	online		11	program	
2	email		12	famous	
3	real		13	cell phone	
4	information		14	network	
5	fan		15	laptop	
6	connect		16	popular	
7	send		17	title	
8	print		18	call	
9	computer		19	stage	
10	international		20	communication	

DAY 25

Wars & Crimes
전쟁과 범죄

Listen & Check

단어를 듣고, 뜻을 아는 단어에 ✔ 표시하세요.

- ☐ war
- ☐ peace
- ☐ power
- ☐ bomb
- ☐ victory
- ☐ soldier
- ☐ fear
- ☐ steal
- ☐ obey
- ☐ jail

- ☐ thief
- ☐ punish
- ☐ fight
- ☐ kill
- ☐ prevent
- ☐ attack
- ☐ crime
- ☐ threat
- ☐ escape
- ☐ destroy

Wars & Crimes 전쟁과 범죄

481 **war** 명 전쟁

482 **peace** 명 평화
○ 회화 **필수**
- We want peace. 우리는 평화를 원한다.

483 **power** 명 힘, 권력

484 **bomb** 명 폭탄

485 **victory** 명 승리

486 **soldier** 명 군인

487 **fear** 명 공포

488 **steal** 동 훔치다
○ 회화 **필수**
- Someone stole my cell phone.
  누군가가 내 휴대전화를 훔쳤다.

489 **obey** 동 복종하다

490 **jail** 명 감옥
○ 회화 **필수**
- He went to jail. 그는 감옥에 갔다.

Listen & Check
1 2 3 4

491 **thief**

图 **도둑**

회화 **필수**

- Who is the thief? 누가 도둑이지?

492 **punish**

图 **처벌하다**

493 **fight**

图 **싸우다**

회화 **필수**

- Why did you fight with Jack?
  왜 Jack이랑 싸웠니?

494 **kill**

图 **죽이다**

495 **prevent**

图 **막다**

496 **attack**

图 **공격**
图 **공격하다**

497 **crime**

图 **범죄**

회화 **필수**

- We must prevent crimes.
  우리는 범죄를 막아야 한다.

498 **threat**

图 **위협**
图 **위협하다**

499 **escape**

图 **탈출하다**

500 **destroy**

图 **파괴하다**

회화 **필수**

- A bomb can destroy buildings.
  폭탄은 건물을 파괴할 수 있다.

fight   Fighting! 싸우자? 응원하는 말이 맞나요?

응원할 때 자주 쓰는 말 중의 하나인 파이팅!(Fighting!)은 '힘내라'는 의미로 주로 쓰는데,

사실은 콩글리시입니다.

fight가 '싸우다'라는 의미이기 때문에 외국인이 들으면 과격하게 생각할 수 있는 표현이에요.

영어로 '힘내'라는 말을 하고 싶다면 Go for it! 또는 Cheer up!이라고 하면 돼요.

스포츠팀을 응원할 때는 "Go! 팀 이름! Go!" 이렇게 주로 말한답니다.

Go for it!

cheer up!

After-Check

다음 영단어의 우리말 뜻을 쓰시오. | 정답 136쪽 |

1	peace	_____	11	jail	_____
2	punish	_____	12	fear	_____
3	fight	_____	13	destroy	_____
4	war	_____	14	thief	_____
5	bomb	_____	15	attack	_____
6	crime	_____	16	steal	_____
7	power	_____	17	escape	_____
8	kill	_____	18	obey	_____
9	threat	_____	19	prevent	_____
10	victory	_____	20	soldier	_____

Study More Words 1

Pre-Check

학습 날짜　　월　　일

Listen
&
Check

단어를 듣고, 뜻을 아는 단어에 ✔ 표시하세요.

- ☐ east
- ☐ west
- ☐ north
- ☐ south
- ☐ root
- ☐ stone
- ☐ focus
- ☐ fill
- ☐ prefer
- ☐ correct

- ☐ error
- ☐ advise
- ☐ compare
- ☐ continue
- ☐ drop
- ☐ middle
- ☐ address
- ☐ forever
- ☐ happen
- ☐ purpose

Study More Words 1

501 east

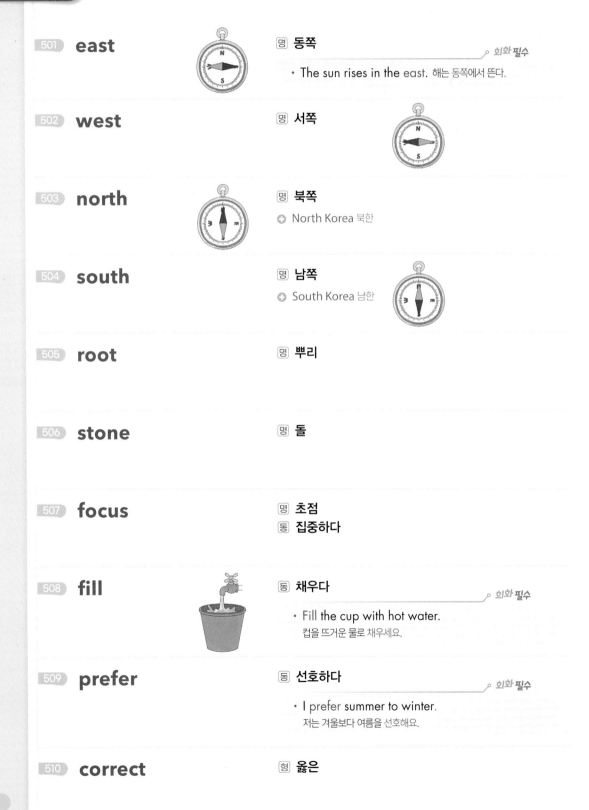

명 동쪽

회화 필수

• The sun rises in the east. 해는 동쪽에서 뜬다.

502 west

명 서쪽

503 north

명 북쪽

➕ North Korea 북한

504 south

명 남쪽

➕ South Korea 남한

505 root

명 뿌리

506 stone

명 돌

507 focus

명 초점
동 집중하다

508 fill

동 채우다

회화 필수

• Fill the cup with hot water.
컵을 뜨거운 물로 채우세요.

509 prefer

동 선호하다

회화 필수

• I prefer summer to winter.
저는 겨울보다 여름을 선호해요.

510 correct

형 옳은

Listen & Check
1 2 3 4

511 **error**

몡 오류, 실수

회화필수
· There was an error. 오류가 있었어요.

512 **advise**

동 충고하다

513 **compare**

동 비교하다

회화필수
· Let's compare the two cities. 두 도시를 비교해 보자.

514 **continue**

동 계속하다

515 **drop**

동 떨어지다

516 **middle**

몡 중앙
형 중간의

517 **address**

몡 주소

회화필수
· Tell us your address. 우리에게 주소를 말해 주세요.

518 **forever**

閠 영원히

519 **happen**

동 일어나다

회화필수
· What happened last night?
어젯밤에 무슨 일이 일어났어요?

520 **purpose**

몡 목적

모든 주소는 address

address

address는 '주소'라는 의미입니다.

예전에는 집이나 회사 등 건물의 주소를 나타낼 때 주로 쓰였는데,

요즘에는 인터넷상의 주소를 나타낼 때도 많이 써요.

 이메일 주소 → email address

 웹사이트 주소 → website address

 IP 주소 → IP address

많이 들어 본 말들이죠?

인터넷에서 많은 것들을 하는 시대인 만큼 인터넷의 주소(address)도 점점 많아지고 있어요.

After-Check

다음 영단어의 우리말 뜻을 쓰시오.

|정답 136쪽|

1	root		11	prefer	
2	correct		12	middle	
3	east		13	north	
4	address		14	purpose	
5	error		15	fill	
6	compare		16	stone	
7	west		17	drop	
8	forever		18	happen	
9	advise		19	focus	
10	south		20	continue	

Study More Words 2

Pre-Check

학습 날짜   월   일

 Listen & Check

단어를 듣고, 뜻을 아는 단어에 ✔ 표시하세요.

- [ ] diary
- [ ] lesson
- [ ] habit
- [ ] expect
- [ ] finish
- [ ] cover
- [ ] crazy
- [ ] break
- [ ] bring
- [ ] gold

- [ ] heavy
- [ ] ground
- [ ] envy
- [ ] build
- [ ] become
- [ ] machine
- [ ] guide
- [ ] forget
- [ ] important
- [ ] dictionary

Study More Words 2

521 **diary**

몡 일기

➕ keep a diary 일기를 쓰다

522 **lesson**

몡 수업

⌐ 교과서

• I have a ukulele lesson on Tuesdays.
나는 화요일마다 우쿨렐레 수업이 있어.

523 **habit**

몡 습관

524 **expect**

동 예상하다, 기대하다

525 **finish**

동 끝내다

⌐ 회화 필수

• Did you finish your homework? 네 숙제를 끝냈니?

526 **cover**

몡 덮개
동 가리다

527 **crazy**

혱 미친

528 **break**

동 1 부수다   2 부러지다

⌐ 교과서

• Boram fell on the ice and broke her leg.
보람이는 빙판에서 넘어져서 다리를 다쳤어.

• My brother broke my robot.
남동생이 내 로봇을 망가뜨렸어.

529 **bring**

동 가져오다

⌐ 교과서

• Please bring your used books.
중고 책을 가져오세요.

530 **gold**

몡 금

Listen & Check
1 2 3 4

531 **heavy**

형 무거운

532 **ground**

명 땅

533 **envy**

동 부러워하다
명 부러움

○ 회화 필수
• I envy you! 부러워!

534 **build**

동 짓다

535 **become**

동 ~이 되다

○ 회화 필수
• We became best friends.
우리는 가장 친한 친구가 되었어.

536 **machine**

명 기계

537 **guide**

명 안내(서)
➕ travel guide 여행 안내서

538 **forget**

동 잊다

○ 교과서
• Don't forget to bring your camera.
카메라 가져오는 것을 잊지 마.

539 **important**

형 중요한

540 **dictionary**

명 사전
➕ English dictionary 영어사전

ground와 함께 기억할 단어들

Playground

'땅, 지면'을 나타내는 ground는 혼자서도 쓰이지만,

다른 단어와 합쳐서 쓰이기도 해요.

먼저, 너무나 익숙한 단어인 playground!

운동장이나 놀이터를 영어로 playground라고 하죠.

underground

그다음은 underground!

'아래에'라는 뜻의 under와 합쳐져서 땅 아래,

즉 '지하'라는 의미를 나타내요.

영국에서 '지하철'을 가리키는 말이 underground라는 것도 알아두세요!

After-Check

다음 영단어의 우리말 뜻을 쓰시오.

|정답 136쪽|

1	lesson	_____	11	finish	_____
2	become	_____	12	machine	_____
3	bring	_____	13	expect	_____
4	important	_____	14	break	_____
5	build	_____	15	guide	_____
6	diary	_____	16	crazy	_____
7	gold	_____	17	forget	_____
8	dictionary	_____	18	habit	_____
9	heavy	_____	19	cover	_____
10	envy	_____	20	ground	_____

Study More Words 3

학습 날짜   월   일

 Listen
&
Check

단어를 듣고, 뜻을 아는 단어에 ✔ 표시하세요.

- [ ] hold
- [ ] carry
- [ ] chance
- [ ] early
- [ ] factory
- [ ] always
- [ ] fact
- [ ] human
- [ ] copy
- [ ] find

- [ ] divide
- [ ] lend
- [ ] return
- [ ] part
- [ ] avoid
- [ ] exist
- [ ] get
- [ ] scream
- [ ] almost
- [ ] example

Study More Words 3

| 541 | **hold** | 동 잡다 |

542 **carry** 동 가지고 다니다

교과서
- Mary carries her bag. Mary는 가방을 가지고 다녀.

543 **chance** 명 기회

544 **early** 부 일찍

교과서
- I came home early. 나는 집에 일찍 왔어.

545 **factory** 명 공장

546 **always** 부 항상

회화 필수
- He is always kind. 그는 항상 친절해.

547 **fact** 명 사실

548 **human** 명 인간

549 **copy** 동 복사하다
명 복사

550 **find** 동 찾다

교과서
- I want to find a bluebird. 나는 파랑새를 찾고 싶어.

Listen & Check
1 2 3 4

551 **divide** 동 나누다

552 **lend** 동 빌려주다

553 **return** 동 돌려주다

○ 회화 **필수**

· Don't forget to return the book to the library.
도서관에 그 책을 반납하는 것을 잊지 마.

554 **part** 명 부분

555 **avoid** 동 피하다

556 **exist** 동 존재하다

557 **get** 동 1 받다 2 **도착하다**

○ 교과서

· I got a new watch. 나는 새 시계를 받았어.
· You can get there by bus.
너는 그곳에 버스를 타고 도착할 수 있어.

558 **scream** 동 비명을 지르다

559 **almost** 부 거의

○ 회화 **필수**

· I play baseball almost every day.
나는 거의 매일 야구를 해.

560 **example** 명 예시

➕ for example 예를 들면

Word master 초등 COMPLETE DAY 28

119

> get

꼭 알아야 할 단어 get

영어 단어 중에는 뜻이 여러 가지인 단어들이 있어요. get도 그중 하나입니다.

한꺼번에 그 뜻을 다 기억하기는 어려우니 오늘은 딱 두 가지만 기억하기로 해요.

I got a gift from Santa.

첫 번째는 '얻다, 받다'라는 뜻의 get입니다.

I got a gift from Santa. (나는 산타에게 선물을 받았어.)

How can I get there?

두 번째는 어떤 장소에 '도착하다'라는 의미의 get입니다.

How can I get there? (거기에 어떻게 도착할 수 있나요?)

지금부터는 get이 보이면 당황하지 말고 의미를 파악해 보세요!

> **After-Check** 다음 영단어의 우리말 뜻을 쓰시오. | 정답 136쪽 |

1	always	_____	11	early	_____
2	part	_____	12	exist	_____
3	fact	_____	13	find	_____
4	copy	_____	14	lend	_____
5	return	_____	15	carry	_____
6	hold	_____	16	divide	_____
7	get	_____	17	chance	_____
8	human	_____	18	avoid	_____
9	example	_____	19	almost	_____
10	factory	_____	20	scream	_____

Study More Words 4

Pre-Check

학습 날짜   월   일

Listen & Check

단어를 듣고, 뜻을 아는 단어에 ✔ 표시하세요.

- ☐ marry
- ☐ borrow
- ☐ hurry
- ☐ mind
- ☐ guess
- ☐ double
- ☐ quiet
- ☐ put on
- ☐ take off
- ☐ time

- ☐ yesterday
- ☐ tomorrow
- ☐ calendar
- ☐ similar
- ☐ prepare
- ☐ possible
- ☐ reason
- ☐ recommend
- ☐ speak
- ☐ language

Study More Words 4

561	**marry**	통 결혼하다

○ 회화 필수
· Will you marry me? 저랑 결혼해 주시겠어요?

562	**borrow**	통 빌리다

○ 교과서
· Can I borrow your pen? 네 펜을 빌려도 될까?

563	**hurry**	통 서두르다

564	**mind**	명 마음

565	**guess**	통 추측하다

566	**double**	형 두 배의

567	**quiet**	형 조용한

○ 교과서
· Be quiet in the library. 도서관에서는 조용히 해.

568	**put on**	입다, 쓰다, 신다

○ 교과서
· Put on these shoes and jump three times.
이 신발을 신고 세 번 뛰어.

569	**take off**	벗다

570	**time**	명 시간

○ 회화 필수
· What time is it now? 지금 몇 시야?
· I don't have time. 나는 시간이 없어.

Listen & Check
1 2 3 4

571 **yesterday**

명 어제

⟋ 교과서

· What did you do yesterday? 너는 어제 무엇을 했니?

572 **tomorrow**

명 내일

⟋ 교과서

· Tomorrow is Anne's birthday.
내일은 Anne의 생일이야.

573 **calendar**

명 달력

574 **similar**

형 유사한

575 **prepare**

동 준비하다

576 **possible**

형 가능한

577 **reason**

명 이유

578 **recommend**

동 추천하다

⟋ 회화 필수

· Can you recommend a book?
책을 추천해 줄 수 있어?

579 **speak**

동 말하다

⟋ 회화 필수

· I can speak English. 나는 영어를 말할 수 있어.

580 **language**

명 언어

➊ body language 몸짓 언어, 보디랭귀지

Word master 초등 COMPLETE DAY 29

123

(marry) ## 헷갈리는 marry와 merry

marry와 merry는 형태도 비슷하고 발음도 비슷해서 헷갈리기 쉬운 단어예요.

하지만 의미는 완전히 다르다는 것!

marry는 '결혼하다'라는 의미이고, merry는 '즐거운'이라는 의미입니다.

Will you marry me?(저와 결혼해 주시겠어요?)라고

할 때는 marry를 써야 해요.

Merry Christmas!(즐거운 크리스마스!)라고 할 때는

merry를 써야 하고요.

Marry Christmas!라고 쓰지 않도록 주의하세요!

After-Check

다음 영단어의 우리말 뜻을 쓰시오.

| 정답 137쪽 |

1	mind		11	put on	
2	time		12	marry	
3	possible		13	yesterday	
4	take off		14	prepare	
5	guess		15	tomorrow	
6	reason		16	recommend	
7	borrow		17	hurry	
8	language		18	speak	
9	calendar		19	similar	
10	quiet		20	double	

Study More Words 5

단어를 듣고, 뜻을 아는 단어에 ✔ 표시하세요.

- ☐ ready
- ☐ gesture
- ☐ heaven
- ☐ pocket
- ☐ voice
- ☐ gate
- ☐ simple
- ☐ remember
- ☐ metal
- ☐ careful

- ☐ gain
- ☐ exit
- ☐ repeat
- ☐ control
- ☐ thing
- ☐ introduce
- ☐ same
- ☐ different
- ☐ courage
- ☐ complete

Study More Words 5

581 ready

형 준비된

교과서

· Sarah is ready for bed. Sarah는 잘 준비가 되었어.

582 gesture

명 몸짓

583 heaven

명 천국

584 pocket

명 주머니, 포켓

회화필수

· What is in your pocket? 주머니 속에 뭐가 있니?

585 voice

명 목소리

586 gate

명 문

587 simple

형 간단한

588 remember

동 기억하다

회화필수

· Do you remember me? 나를 기억하니?

589 metal

명 금속

590 careful

형 조심하는

회화필수

· Be careful! The water is hot.
조심해! 물이 뜨거워.

591 **gain** 图 얻다

592 **exit**  图 출구 ○ 회화 필수
· Where is the exit? 출구가 어디인가요?

593 **repeat** 图 반복하다

594 **control** 图 통제하다
图 통제

595 **thing** 图 것 ○ 교과서
· We can make many things with bottles.
우리는 병으로 많은 것을 만들 수 있어.

596 **introduce** 图 소개하다

597 **same**   图 같은 ○ 회화 필수
· We're the same age. 우리는 같은 나이야.

598 **different**   图 다른 ○ 교과서
· We are different but we are good friends!
우리는 다르지만 좋은 친구야!

599 **courage** 图 용기

600 **complete** 图 완료하다

Word master 초등 COMPLETE DAY 30

ready '아유레디?'는 무슨 뜻일까?

어디선가 Are you ready?(아유레디?)라고 말하는 걸

들어 본 적이 있을 거예요.

상대방에게 '준비됐어?'라고 물어볼 때 쓰는 말이랍니다.

다양한 상황에서 자주 쓰는 표현이니 기억해 두면 정말 유용할 거예요.

단독으로도 많이 쓰지만 조금 응용해서 말할 수도 있어요.

Are you ready 다음에 to sleep, to go, to talk, to order 등을 붙이면 돼요.

Are you ready to go?

Are you ready to sleep?

Are you ready to order?

이렇게 다양하게 응용해서 말해보세요!

After-Check
다음 영단어의 우리말 뜻을 쓰시오.

| 정답 137쪽 |

1	pocket	_____	11 heaven	_____
2	thing	_____	12 introduce	_____
3	remember	_____	13 gesture	_____
4	repeat	_____	14 exit	_____
5	different	_____	15 simple	_____
6	careful	_____	16 same	_____
7	control	_____	17 gain	_____
8	voice	_____	18 courage	_____
9	complete	_____	19 ready	_____
10	metal	_____	20 gate	_____

After-Check 정답

DAY 01

1 뼈	2 손가락	3 뇌	4 치료하다	5 두통
6 열	7 건강	8 피부	9 피	10 근육
11 머리카락	12 어깨	13 팔	14 약	15 상태, 컨디션
16 복통	17 심장, 마음	18 치통	19 다치다	20 다리

DAY 02

1 웃다	2 눈물	3 지루해하는	4 궁금한	5 울다
6 다정한	7 표현	8 놀란	9 웃다, 미소 짓다; 웃음, 미소	
10 화난, 속상한	11 감사하다	12 신이 난	13 무서워하는	14 불안해하는
15 사과하다	16 걱정하다	17 기쁜	18 불평하다	19 느낌
20 두려워하는				

DAY 03

1 생각	2 알다	3 맞는, 오른쪽의	4 원하다	5 쉬운
6 희망하다, 바라다; 희망	7 계획하다; 계획	8 생각하다	9 상상하다	
10 믿다	11 공정한	12 완벽한	13 결정하다	14 의심하다; 의심
15 동의하다	16 이해하다	17 바라다; 바람	18 궁금하다	19 어려운
20 틀린, 잘못된				

DAY 04

1 그룹, 모임	2 배우	3 주방장	4 아이	5 운전자
6 화가, 예술가	7 과학자	8 어른	9 작가	10 경찰관
11 음악가	12 부모 (중 한 분)	13 리포터, 기자	14 사람	15 사촌
16 기술자, 엔지니어	17 낯선 사람	18 치과의사	19 십 대	20 이웃

1 부엌	2 목욕, 욕조	3 청소하다; 깨끗한	4 책장	5 가구
6 침실	7 지하실	8 커튼	9 난로, 가스레인지	10 불빛; 밝은, 가벼운
11 지저분한	12 마당	13 샤워	14 잔디	15 싱크대
16 쉬다	17 냉장고	18 화장실	19 거실	20 세탁기

1 질문, 문제	2 시험	3 반 친구	4 늦은, 지각한	5 사물함
6 답; 대답하다	7 합격하다	8 배우다	9 동아리, 클럽	10 초등학교
11 고등학교	12 (시험에) 떨어지다	13 묻다, 질문하다	14 결석한	15 중학교
16 설명하다	17 체육관	18 현장 학습	19 집중하다	20 방학

1 음악	2 영어	3 한국어; 한국의	4 첫째의	5 가장 좋아하는
6 학년, 성적	7 입학하다	8 졸업하다	9 넷째의	10 수학
11 과목	12 미술	13 체육	14 둘째의	15 과학
16 다섯째의	17 셋째의	18 역사	19 여섯째의	20 담임 선생님

1 요리하다; 요리사	2 달콤한	3 과일	4 신선한	5 소금
6 간식	7 점심 식사	8 튀기다	9 패스트푸드	10 면
11 굽다	12 설탕	13 쌀, 밥	14 저녁 식사	15 기름
16 맛있는	17 고기	18 목마른	19 야채	20 아침 식사

1 운전하다	2 빠른; 빨리	3 속도	4 트럭	5 타다
6 도로	7 느린	8 위험한	9 고속도로	10 횡단보도
11 코너, 모퉁이	12 사고	13 보트	14 헬멧	15 안전한
16 헬리콥터	17 역	18 안전벨트	19 버스 정류장	20 신호등

1 (돈을) 쓰다, (시간을) 보내다	2 지불하다	3 손님, 고객	4 싼	
5 필요로 하다	6 비닐봉지	7 점원	8 비싼	9 (값이) ~이다; 비용
10 쇼핑몰	11 할인	12 무료의, 자유로운	13 주문하다; 주문	14 고르다
15 청구서	16 영수증	17 ~을 찾다	18 현금	19 구입하다
20 신용카드				

1 (수가) 많은	2 반, 절반	3 합계	4 13, 열셋	5 40, 마흔
6 약간의, 몇몇의	7 0, 영	8 12, 열둘	9 100만	10 더 많은; 더
11 (양이) 많은	12 충분한	13 100, 백	14 30, 서른	15 11, 열하나
16 20, 스물	17 더하다	18 1,000, 천	19 세다	20 숫자, 번호

1 좋아하다	2 그리다	3 취미	4 춤; 춤추다	5 재미; 재미있는
6 모으다	7 스포츠, 운동	8 게임	9 신나는	10 수영하다
11 즐기다	12 노래하다	13 모험	14 활동	15 영화
16 실내의	17 하이킹을 가다	18 오르다	19 야외의	20 자유 시간

DAY 13

1 운동선수	2 테니스	3 축구	4 득점; (득점을) 하다	
5 운동; 운동하다	6 던지다	7 이기다	8 야구	9 (발로) 차다
10 표적, 목표	11 경주	12 골, 득점, 목표	13 슛을 하다	14 연습; 연습하다
15 지다	16 농구	17 경쟁하다	18 땀	19 배드민턴
20 줄넘기				

DAY 14

1 지도	2 건물	3 거리	4 살다	5 시청
6 콘서트	7 아파트	8 구역, 블록	9 지역의	10 도시
11 다리	12 이사하다	13 바쁜	14 소도시	15 전시하다
16 탑, 타워	17 지역	18 붐비는	19 고층 빌딩	20 교통 체증

DAY 15

1 방문하다; 방문	2 장소	3 소풍	4 여권	5 해변
6 서핑하다	7 여행하다; 여행	8 머무르다	9 기억	10 항해하다
11 파도	12 호텔	13 쉬다	14 도착하다	15 공휴일
16 취소하다	17 경험	18 캠프파이어, 모닥불	19 예약하다	
20 주말				

DAY 16

1 선물	2 특별한	3 양초	4 커플, 부부	5 날짜
6 함께	7 카드	8 풍선	9 축하하다	10 손님
11 파티	12 마법; 마법의	13 생일	14 축제, 페스티벌	15 선물
16 의상	17 초대하다	18 사람들, 군중	19 결혼식	20 사진

DAY 17

1 (나뭇)잎	2 바다	3 자연	4 계절	5 숲
6 폭풍	7 기후	8 안개	9 남극	10 모래
11 흙	12 섬	13 빙하	14 날씨	15 절벽
16 사막	17 대기	18 예상하다; 예보	19 홍수	20 북극

DAY 18

1 벌	2 반려동물	3 코끼리	4 자라다, 재배하다	5 (생물의) 종
6 늑대	7 탄생	8 살아 있는	9 새	10 둥지
11 기린	12 먹이다	13 소	14 날개	15 호흡하다
16 죽은	17 얼룩말	18 꼬리	19 곤충	20 야생 동물

DAY 19

1 쓰레기	2 에너지	3 연료	4 오염	5 먹이
6 경고하다	7 보호하다	8 멸종된	9 사냥하다; 사냥	10 재사용하다
11 위험	12 야생의	13 쓰레기; 낭비하다	14 지키다, 절약하다	15 재활용하다
16 살아남다	17 독	18 자원	19 해로운	20 지구 온난화

DAY 20

1 해, 태양	2 세계	3 로켓	4 망원경	5 별
6 화성	7 지구	8 달	9 수성	10 우주선
11 반달	12 거대한	13 금성	14 우주	15 행성
16 목성	17 태양계	18 우주 정거장	19 보름달	20 별똥별

DAY 21

1 일하다; 일	2 선택	3 직업, 일	4 노력	5 부유한
6 회사	7 그만두다	8 충격	9 (돈을) 벌다	10 성공하다
11 가난한	12 사무실	13 거래; 거래하다	14 수입	15 순환
16 위기	17 기술	18 개발하다	19 사업	20 참여하다

DAY 22

1 유용한	2 무게	3 고치다	4 전문가	5 문제
6 단서	7 창조하다	8 (문제를) 풀다	9 이론	10 정확한
11 보다; 손목시계	12 연구; 연구하다	13 시험, 테스트; 시험하다		14 발명하다
15 기술	16 열	17 사실인	18 발견하다	19 결과
20 증명하다				

DAY 23

1 행동하다	2 연설	3 사회의	4 선출하다	5 신
6 나라	7 문화	8 영웅	9 법	10 약속하다; 약속
11 과거	12 가입하다	13 규칙	14 공공의	15 전통적인
16 의무	17 종교	18 외국의	19 대통령	20 관계

DAY 24

1 온라인의	2 이메일	3 진짜의, 실제의	4 정보	5 팬, 선풍기
6 접속하다, 연결하다		7 보내다	8 인쇄하다	9 컴퓨터
10 국제적인	11 프로그램	12 유명한	13 휴대전화	14 네트워크
15 휴대용 컴퓨터, 노트북		16 인기 있는	17 제목	18 전화하다, 부르다
19 무대	20 의사소통			

DAY 25

1 평화	2 처벌하다	3 싸우다	4 전쟁	5 폭탄
6 범죄	7 힘, 권력	8 죽이다	9 위협; 위협하다	10 승리
11 감옥	12 공포	13 파괴하다	14 도둑	15 공격; 공격하다
16 훔치다	17 탈출하다	18 복종하다	19 막다	20 군인

DAY 26

1 뿌리	2 옳은	3 동쪽	4 주소	5 오류, 실수
6 비교하다	7 서쪽	8 영원히	9 충고하다	10 남쪽
11 선호하다	12 중앙; 중간의	13 북쪽	14 목적	15 채우다
16 돌	17 떨어지다	18 일어나다	19 초점; 집중하다	20 계속하다

DAY 27

1 수업	2 ~이 되다	3 가져오다	4 중요한	5 짓다
6 일기	7 금	8 사전	9 무거운	
10 부러워하다; 부러움		11 끝내다	12 기계	
13 예상하다, 기대하다		14 부수다, 부러지다	15 안내(서)	16 미친
17 잊다	18 습관	19 덮개; 가리다	20 땅	

DAY 28

1 항상	2 부분	3 사실	4 복사하다; 복사	5 돌려주다
6 잡다	7 받다, 도착하다	8 인간	9 예시	10 공장
11 일찍	12 존재하다	13 찾다	14 빌려주다	15 가지고 다니다
16 나누다	17 기회	18 피하다	19 거의	20 비명을 지르다

DAY 29

1 마음	2 시간	3 가능한	4 벗다	5 추측하다
6 이유	7 빌리다	8 언어	9 달력	10 조용한
11 입다, 쓰다, 신다	12 결혼하다	13 어제	14 준비하다	15 내일
16 추천하다	17 서두르다	18 말하다	19 유사한	20 두 배의

DAY 30

1 주머니, 포켓	2 것	3 기억하다	4 반복하다	5 다른
6 조심하는	7 통제하다; 통제	8 목소리	9 완료하다	10 금속
11 천국	12 소개하다	13 몸짓	14 출구	15 간단한
16 같은	17 얻다	18 용기	19 준비된	20 문

INDEX
어휘 목록

MEMO

이 책을 검토해 주신 선생님

강원

김민경	GnB어학원 부안캠퍼스학원
김현경	플러스일등해법학원
이상훈	아이다움+
이지예	에듀플렉스

경기

권용경	애니랑영어
김나연	습관영어
김미혜	SG에듀
김윤정	전문과외
김종문	유타스학원
김진희	하이노크 영어학원
김현영	영스타영어
김혜연	하나영어교습소
박미정	홍수학영어전문학원
박민희	Irene English
박서현	EiE고려대학교국제학원
	여주영어학원
박해림	라온영어수학보습학원
서현주	집현전학원(조암)
심수정	아이비리그영어 학원
안나경	대선초등학교
염지민	전문과외
오동산	이랩스영어학원
오성희	달보드레영어
오수혜	훈에듀라하잉글리시
우경숙	스마트해법영어당수교습소
유은경	여호수아비전아카데미
이경선	철산초등학교
이수주	푸르넷아카데미
이신애	스카이 영어 교습소
이은진	광정초등학교
이주현	웅진정자학원
이푸름	EiE 부천중동반석캠퍼스
이혜랑	Perfect Point+
이혜령	해봄학원
장도연	3030영어배곧한울점
장서희	메트로자이교실
장은주	휘 잉글리쉬

전경식	리드앤톡전쌤영어학원
정인하	뮤엠영어 별가람점
주지은	JIEUN ENGLISH CLASS
최수경	EM공터영어 오전점
최승원	전문과외
하이디	삼성영어 비룡교습소
함기수	스피킹에이펙스 영어학원
홍희진	남양 아토즈 영어학원

경남

강지윤	창원 외동초등학교
김문명	생각쑥쑥공부방
박영하	네오시스템 영어학원
성민경	에듀베스트학원
신진아	어방초등학교
윤지연	에이프릴 유진학원
이아현	다름학원 관동캠퍼스
임나영	삼성영어 창원남양
전미주	엠제이영어
황다영	헤럴드어학원

경북

이효정	뮤엠구평영어교습소
정하윤	전문과외
허미정	레벨업 영어교습소

광주

최보람	보람영어교습소

대구

도라연	캐슬어학원
박정임	전문과외
장지영	전문과외
황보라	브릿지영어

대전

김기숙	하이클래스학원
여유경	서대전초등학교
우아미	대전화정초등학교
우채령	관저아인스학원
최지흔	플랫폼어학원

부산

강민주	당리전성학원
김경민	밍글리시

김은숙	강동초등학교
도영희	전문과외
문지영	우리들학원
박가경	메리쌤잉글리쉬
박나은	두실초등학교
변혜련	전문과외
양희주	링구아어학원
윤경은	쌤드루
윤진희	전문과외
임정연	유니크잉글리쉬
정은지	센텀영어
추호정	Wonders 원더스 어학원

서울

고진우	대치엠영어학원
공은성	서울교육대학교부설초등학교
구지은	최선메이트 본사
김빛나	뮤엠영어피닉스영어교습소
김세인	북성초등학교
김은영	루시아잉글리시
김정민	최선어학원
김지혜	케이씨티학원
김진희	지니영어학원
도혜민	씨앤씨(목동)
문지선	키맨학원
박선신	전문과외
박수정	YBM잉글루 은평 은명
	제1캠퍼스
손보경	서울세곡초등학교
신세영	에이스원영어학원
심민	라인보습학원
오남숙	헬리오 오쌤 영어
우정용	제임스 영어 앤드 학원
유경미	무무&차
유현정	서울공덕초등학교
윤지인	반포잉글리쉬튜터링
이윤우	KNS어학원
임소례	윤선생영어교실우리집앞
	신내키움영어교습소
정인애	서울삼각산초등학교

최세영	서울잠원초등학교
편선경	IGSE Academy
하다님	연세 마스터스 학원
허미영	삼성영어 창일교실 학원
황선애	앤스영어학원

세종

이지현	전문과외
이초롱	로지나 잉글리쉬
최정아	해들리드인영수학원

울산

김효주	옥동멘토영어수학학원

인천

서유화	K&C American School
송정은	전문과외
원정연	공탑학원
채윤정	인천부광초등학교
최자윤	인천부평남초등학교

전남

서창현	목포발명교육센터
이영복	미라클스터디영어교습소

전북

김지윤	전주SLP
민태홍	전주한일고등학교
임주리	삼천주니어랩영어학원
천희은	전주자연초등학교

제주

이예은	명륜아카데미

충남

이규영	온양중앙초등학교
이슬기	청룡GnB어학원
임도원	강한영어

충북

남화정	오키도키영어
라은경	이화윤스영어교습소
이사랑	동화세상에듀코
함소영	함소영학원

가르치기 쉽고 빠르게 배울 수 있는 **이투스북**

www.etoosbook.com

○ **도서 내용 문의**
홈페이지 > 이투스북 고객센터 > 1:1 문의

○ **도서 빠른 정답**
홈페이지 > 도서자료실 > 정답/해설

○ **도서 정오표**
홈페이지 > 도서자료실 > 정오표

○ **선생님을 위한 강의 지원 서비스 T폴더**
홈페이지 > 교강사 T폴더

 ⚠ **주의** 책 모서리에 다칠 수 있으니 주의하시기 바랍니다.
KC마크는 이 제품이 공통안전기준에 적합하였음을 의미합니다.

Word 초등
∞ master

COMPLETE

WORK
BOOK

- 초등 교과서, 교육과정, 회화 필수 어휘 600개 엄선 수록
- DAY별 3단계로 단어 완벽 체득

STEP 1 단어 쓰기 ┃ 단어 쓰기 연습을 통한 철자 학습

STEP 2 문장 익히기 ┃ 교과서 예문, 회화 필수 문장으로 영작 연습

STEP 3 문제 풀기 ┃ 재미있고 다양한 문제 풀이

워드마스터 초등 COMPLETE Workbook 202211 초판 1쇄 202409 초판 6쇄

펴낸곳 이투스에듀㈜ 서울시 서초구 남부순환로 2547

고객센터 1599-3225

등록번호 제2007-000035호

Word ∞ master

초등

COMPLETE

| WORKBOOK |

차례 및 학습계획표

학습일

● 다음 영어 단어를 써 보세요.

hair 머리카락

hair

brain 뇌

brain

shoulder 어깨

shoulder

arm 팔

arm

heart 심장, 마음

heart

finger 손가락

finger

leg 다리

leg

muscle 근육

muscle

health 건강

health

hurt 다치다

hurt

skin 피부

skin

blood 피

blood

bone 뼈

bone

fever 열

fever

headache 두통

headache

toothache 치통

toothache

stomachache 복통

stomachache

condition 상태, 컨디션

condition

medicine 약

medicine

heal 치료하다

heal

● 다음 필수 문장을 듣고 따라 읽은 후, 문장을 만들어 말해 보세요.

A • I have long hair. 교과서

나는 머리가 길어.

I have long ＿＿＿＿＿＿s.

나는 다리가 길어.

I have long ＿＿＿＿＿＿s.

나는 손가락이 길어.

B • Pineapple is good for your bones. 교과서

파인애플은 여러분의 뼈에 좋아요.

Pineapple is good for your ＿＿＿＿＿＿.

파인애플은 여러분의 피부에 좋아요.

Pineapple is good for your ＿＿＿＿＿＿.

파인애플은 여러분의 건강에 좋아요.

C • She has a fever. 회화필수

그녀는 열이 나요.

She has a ＿＿＿＿＿＿.

그녀는 이가 아파요.

She has a ＿＿＿＿＿＿.

그녀는 배가 아파요.

D • How is your condition? 회화필수

컨디션은 어때? 회화필수

How is your ＿＿＿＿＿＿?

너의 팔은 어때?

How is your ＿＿＿＿＿＿?

너의 어깨는 어때?

A 다음을 듣고, 들려주는 단어에 ✔ 표시 하세요.

1

□ □

2

□ □

B 그림에 알맞은 단어를 골라 연결하세요.

1

·

2

·

3

·

·   ·   ·   ·

| hurt | heal | skin | fever |

C 사진에 알맞은 단어를 완성하세요.

1

☐ l ☐ o ☐

2

he ☐ d ☐ c ☐ e

3

m ☐ s ☐ l ☐

D 그림과 일치하는 문장을 골라 ✓ 표시 하세요.

1

☐ I have long hair.

☐ I have long legs.

2

☐ She has a fever.

☐ She has a stomachache.

E 우리말에 맞게 알맞은 단어를 보기 에서 골라 문장을 완성하세요.

보기 fingers legs condition shoulder bones health

1 나는 손가락이 길어.

I have long _____.

2 컨디션은 어때?

How is your _____?

3 파인애플은 여러분의 뼈에 좋아요.

Pineapple is good for your _____.

◉ 다음 영어 단어를 써 보세요.

smile 웃다, 미소 짓다; 웃음, 미소

smile

laugh 웃다

laugh

thank 감사하다

thank

worry 걱정하다

worry

cry 울다

cry

tear 눈물

tear

complain 불평하다

complain

apologize 사과하다

apologize

glad 기쁜

glad

upset 화난, 속상한

upset

afraid 두려워하는

afraid

bored 지루해하는

bored

friendly 다정한

friendly

excited 신이 난

excited

scared 무서워하는

scared

surprised 놀란

surprised

nervous 불안해하는

nervous

curious 궁금한

curious

feeling 느낌

feeling

expression 표현

expression

● 다음 필수 문장을 듣고 따라 읽은 후, 문장을 만들어 말해 보세요.

A • Don't worry. 교과서
걱정하지 마.

Don't _____.
울지 마.

Don't _____.
웃지 마.

B • You look bored. 회화필수
너 지루해 보여.

You look _____.
너는 다정해 보여.

You look _____.
너는 불안해 보여.

C • Are you curious? 회화필수
궁금해?

Are you _____?
무서워?

Are you _____?
놀랐어?

D • Why are you upset? 교과서
너는 왜 화가 났니?

Why are you _____?
너는 왜 신이 났니?

Why are you _____?
너는 왜 두려워하니?

A 다음을 듣고, 들려주는 단어에 ✔ 표시 하세요.

1

☐   ☐

2

☐   ☐

B 사진에 알맞은 단어를 골라 동그라미 하세요.

1

smile

cry

2

thank

worry

3

complain

apologize

C 그림에 알맞은 단어가 되도록 알파벳을 바르게 배열하여 쓰세요.

1

a t r e

2

l g d a

3

i f g e n e l

D 그림에 알맞은 문장을 골라 연결하세요.

1

Don't cry.

Don't laugh.

2

You look friendly.

You look nervous.

E 우리말에 맞게 알맞은 단어를 보기 에서 골라 문장을 완성하세요.

보기   upset   bored   surprised   expression

1 너 지루해 보여.

You look _____.

2 놀랐어?

Are you _____?

3 너는 왜 화가 났니?

Why are you _____?

● 다음 영어 단어를 써 보세요.

think 생각하다

think

plan 계획하다; 계획

plan

wish 바라다; 바람

wish

want 원하다

want

hope 희망하다, 바라다; 희망

hope

know 알다

know

idea 생각

idea

imagine 상상하다

imagine

understand 이해하다

understand

agree 동의하다

agree

believe 믿다

believe

wonder 궁금하다

wonder

right 맞는, 오른쪽의

right

wrong 틀린, 잘못된

wrong

fair 공정한

fair

easy 쉬운

easy

difficult 어려운

difficult

perfect 완벽한

perfect

doubt 의심하다; 의심

doubt

decide 결정하다

decide

● 다음 필수 문장을 듣고 따라 읽은 후, 문장을 만들어 말해 보세요.

A • You're right. [회화필수]
네 말이 맞아.

You're _____.
네 말이 틀렸어.

You're _____.
너는 완벽해.

B • I can't decide. [회화필수]
나는 결정하지 못하겠어.

I can't _____.
나는 동의하지 못하겠어.

I can't _____.
나는 이해하지 못하겠어.

C • I think it's difficult. [교과서]
나는 그것이 어렵다고 생각해.

I think it's _____.
나는 그것이 쉽다고 생각해.

I think it's _____.
나는 그것이 공정하다고 생각해.

D • What do you want to be?
너는 무엇이 되기를 원하니? [교과서]

What do you _____ to do?
너는 무엇을 할 계획이니?   * do: 하다

What do you _____ to eat?
너는 무엇을 먹기를 원하니?   * eat: 먹다

A 다음을 듣고, 들려주는 단어에 ✔ 표시 하세요.

1

☐   ☐

2

☐   ☐

B 단어를 알맞은 우리말 뜻과 연결하세요.

1 doubt •   • 믿다

2 wonder •   • 궁금하다

3 believe •   • 의심하다; 의심

C 사진에 알맞은 단어를 찾아 동그라미 한 후, 빈칸에 쓰세요.

t a i w i s h k b h i d e a s c g j t h i n k u w c m

1

☐

2

☐

3

☐

D 우리말 뜻에 맞게 퍼즐의 빈칸에 알맞은 단어를 쓰세요.

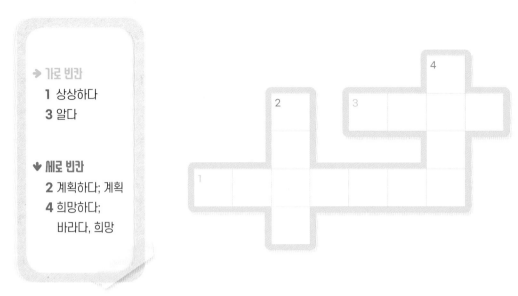

→ 가로 빈칸
1 상상하다
3 알다

↓ 세로 빈칸
2 계획하다; 계획
4 희망하다;
　바라다, 희망

E 그림을 보고, 우리말에 맞게 알맞은 단어를 골라 문장을 쓰세요.

1

You're (right / wrong / perfect).

➡ _____

(네가 틀렸어.)

2

I can't (decide / agree / understand).

➡ _____

(나는 결정하지 못하겠어.)

3

I think it's (easy / difficult / fair).

➡ _____

(나는 그것이 어렵다고 생각해.)

◉ 다음 영어 단어를 써 보세요.

child 아이

child

teenager 십 대

teenager

adult 어른

adult

cousin 사촌

cousin

parent 부모 (중 한 분)

parent

person 사람

person

neighbor 이웃

neighbor

stranger 낯선 사람

stranger

group 그룹, 모임

group

driver 운전자

driver

scientist 과학자

scientist

actor 배우

actor

chef 주방장

chef

musician 음악가

musician

engineer 기술자, 엔지니어

engineer

artist 화가, 예술가

artist

reporter 리포터, 기자

reporter

writer 작가

writer

police officer 경찰관

police officer

dentist 치과의사

dentist

● 다음 필수 문장을 듣고 따라 읽은 후, 문장을 만들어 말해 보세요.

A • This is my cousin, Ann.
얘는 내 사촌인 앤이야. 교과서

This is my _____.
얘는 내 아이야.

This is my _____.
얘는 내 이웃이야.

B • I want to be a car engineer.
나는 자동차 엔지니어가 되고 싶어.
교과서

I want to be a _____.
나는 리포터가 되고 싶어.

I want to be a _____.
나는 경찰관이 되고 싶어.

C • I think Edison was a great
scientist. 교과서
나는 에디슨이 위대한 과학자라고 생각해.

I think van Gogh was a great _____.
나는 반 고흐가 위대한 화가라고 생각해.   * van Gogh: 반 고흐

I think Mozart was a great _____.
나는 모차르트가 위대한 음악가라고 생각해.   * Mozart: 모차르트

D • My favorite writer is Agatha
Christie. 교과서
내가 가장 좋아하는 작가는 아가사 크리스티야.

My favorite _____ is Tom Cruise.
내가 가장 좋아하는 배우는 톰 크루즈야.

* Tom Cruise: 톰 크루즈(미국 영화배우)

My favorite _____ is Jamie Oliver.
내가 가장 좋아하는 요리사는 제이미 올리버야.

* Jamie Oliver: 제이미 올리버(영국 요리사)

A 다음을 듣고, 들려주는 단어에 ✔ 표시 하세요.

1

☐ ☐

2

☐ ☐

B 사진과 단어가 일치하면 ○표, 일치하지 <u>않으면</u> ×표 하세요.

1

dentist

( )

2

adult

( )

3

teenager

( )

C 그림에 알맞은 단어를 보기 에서 골라 쓰세요.

보기   group   cousin   stranger   parent

1
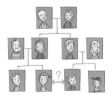

2

3

D 그림에 알맞은 문장을 골라 기호를 쓰세요.

> ⓐ This is my child.
> ⓑ I want to be a police officer.
> ⓒ I think Edison was a great scientist.

1

(   )

2

(   )

3

(   )

E 우리말에 맞게 알맞은 단어를 보기 에서 골라 문장을 완성하세요.

> 보기   person   artist   engineer   writer

1 나는 자동차 엔지니어가 되고 싶어.

I want to be a car _____.

2 나는 반 고흐가 위대한 화가라고 생각해.

I think van Gogh was a great _____.

3 내가 가장 좋아하는 작가는 아가사 크리스티야.

My favorite _____ is Agatha Christie.

● 다음 영어 단어를 써 보세요.

clean 청소하다; 깨끗한

clean

messy 지저분한

messy

bedroom 침실

bedroom

light 불빛; 밝은, 가벼운

light

curtain 커튼

curtain

rest 쉬다

rest

bathroom 화장실

bathroom

bath 목욕, 욕조

bath

shower 샤워

shower

living room 거실

living room

basement 지하실

basement

bookshelf 책장

bookshelf

yard 마당

yard

grass 잔디

grass

kitchen 부엌

kitchen

stove 난로, 가스레인지

stove

sink 싱크대

sink

washing machine 세탁기

washing machine

refrigerator 냉장고

refrigerator

furniture 가구

furniture

● 다음 필수 문장을 듣고 따라 읽은 후, 문장을 만들어 말해 보세요.

A • What's in the kitchen?
부엌에는 무엇이 있니? [교과서]

What's in the _____?
지하실에는 무엇이 있니?

What's in the _____?
화장실에는 무엇이 있니?

B • There is a TV in the living room. [교과서]
거실에는 TV가 있다.

There is a TV in the _____.
부엌에는 TV가 있다.

There is a TV in the _____.
침실에는 TV가 있다.

C • There are many books on the bookshelf. [회화필수]
책장에는 많은 책들이 있다.

There are many books on the _____.
난로 위에는 많은 책들이 있다.

There are many books on the _____.
세탁기 위에는 많은 책들이 있다.

D • We put our lunch boxes on the stove. [교과서]
우리는 도시락을 난로 위에 놓았다.

We put our lunch boxes on the _____.
우리는 도시락을 잔디 위에 놓았다.

We put our lunch boxes on the _____.
우리는 도시락을 냉장고 위에 놓았다.

A 다음을 듣고, 들려주는 단어에 ✓ 표시 하세요.

1

☐ ☐

2

☐ ☐

B 사진에 알맞은 단어를 골라 기호를 쓰세요.

ⓐ curtain   ⓑ grass   ⓒ shower   ⓓ furniture

1

(   )

2

(   )

3

(   )

C 그림에 알맞은 단어를 골라 쓰세요.

1

| clean | messy |

2

| sink | light |

3

| rest | yard |

D 그림과 문장이 일치하면 ○표, 일치하지 <u>않으면</u> ×표 하세요.

1

There is a TV in the kitchen.   (   )

2

There are many books on the stove.   (   )

3

We put our lunch boxes on the refrigerator.   (   )

E 우리말에 맞게 단어를 바르게 배열하여 문장을 완성하세요.

1 화장실에는 무엇이 있니? (bathroom / in / the)

➡ What's _____?

2 침실에는 TV가 있다. (the / TV / bedroom / a / in)

➡ There is _____.

3 우리는 도시락을 잔디 위에 놓았다. (the / on / grass)

➡ We put our lunch boxes _____.

● 다음 영어 단어를 써 보세요.

ask 묻다, 질문하다

ask

answer 답; 대답하다

answer

question 질문, 문제

question

learn 배우다

learn

classmate 반 친구

classmate

locker 사물함

locker

late 늦은, 지각한

late

absent 결석한

absent

exam 시험

exam

pass 합격하다

pass

fail (시험에) 떨어지다

fail

explain 설명하다

explain

concentrate 집중하다

concentrate

club 동아리, 클럽

club

gym 체육관

gym

field trip 현장 학습

field trip

vacation 방학

vacation

elementary school 초등학교

elementary school

middle school 중학교

middle school

high school 고등학교

high school

● 다음 필수 문장을 듣고 따라 읽은 후, 문장을 만들어 말해 보세요.

A • I'll join the book club.

나는 독서 동아리에 가입할 거야. 교과서

I'll join the drama ＿＿＿＿＿＿.

나는 연극 동아리에 가입할 거야. * drama: 연극, 드라마

I'll join the cooking ＿＿＿＿＿＿.

나는 요리 동아리에 가입할 거야. * cooking: 요리

B • What did you do during the vacation? 교과서

너는 방학 동안 무엇을 했니?

What did you do during the ＿＿＿＿＿＿?

너는 수업 시간 동안 무엇을 했니? * class: 수업 (시간)

What did you do during the ＿＿＿＿＿＿?

너는 현장 학습 동안 무엇을 했니?

C • My sister goes to high school. 회화필수

우리 누나는 고등학교에 다녀.

My sister goes to ＿＿＿＿＿＿.

우리 누나는 초등학교에 다녀.

My sister goes to ＿＿＿＿＿＿.

우리 누나는 중학교에 다녀.

A 다음을 듣고, 들려주는 단어에 ✓ 표시 하세요.

1

☐ ☐

2

☐ ☐

B 사진에 알맞은 단어를 골라 동그라미 하세요.

1

gym

late

2

explain

question

3

classmate

concentrate

C 그림에 알맞은 단어를 완성하세요.

1

l ☐ ☐ er

2

☐ e ☐ r ☐

3

☐ ☐ s ☐ nt

D 문장을 읽고, 알맞은 그림을 골라 동그라미 하세요.

1

I'll join the book club.

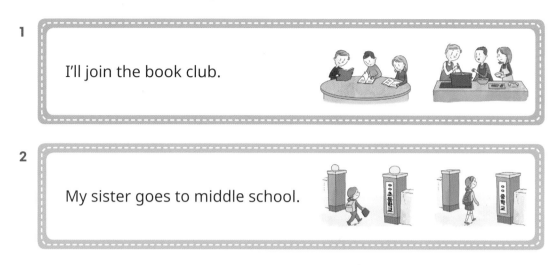

2

My sister goes to middle school.

E 우리말에 맞게 필요한 단어만 골라 문장을 완성하세요.

1 우리 언니는 고등학교에 다녀.

| to | goes | gym | high school |

➡ My sister _____ _____ _____.

2 너는 방학 동안 무엇을 했니?

| do | exam | vacation | did |

➡ What _____ you _____ during the _____?

3 나는 연극 동아리에 가입할 거야.

| join | club | will | pass |

➡ I _____ _____ the drama _____.

◉ 다음 영어 단어를 써 보세요.

favorite 가장 좋아하는

favorite

subject 과목

subject

music 음악

music

English 영어

English

art 미술

art

science 과학

science

math 수학

math

history 역사

history

P.E. 체육

P.E.

Korean 한국어; 한국의

Korean

grade 학년, 성적

grade

first 첫째의

first

second 둘째의

second

third 셋째의

third

fourth 넷째의

fourth

fifth 다섯째의

fifth

sixth 여섯째의

sixth

homeroom teacher 담임 선생님

homeroom teacher

enter 입학하다

enter

graduate 졸업하다

graduate

● 다음 필수 문장을 듣고 따라 읽은 후, 문장을 만들어 말해 보세요.

A • I am good at math. 회화필수
나는 수학을 잘해.

I am good at _____.
나는 음악을 잘해.

I am good at _____.
나는 영어를 잘해.

B • My favorite subject is art.
내가 가장 좋아하는 과목은 미술이야. 교과서

My favorite subject is _____.
내가 가장 좋아하는 과목은 과학이야.

My favorite subject is _____.
내가 가장 좋아하는 과목은 역사야.

C • What grade are you in?
너는 몇 학년이니? 교과서

What _____ is she in?
그녀는 몇 학년이니?

What _____ are they in?
그들은 몇 학년이니?

D • I'm in the first grade. 교과서
나는 1학년이야.

I'm in the _____ grade.
나는 3학년이야.

I'm in the _____ grade.
나는 5학년이야.

5학년

A 다음을 듣고, 들려주는 단어에 ✔ 표시 하세요.

1

☐ ☐

2

☐ ☐

B 그림에 알맞은 단어를 골라 기호를 쓰세요.

ⓐ subject   ⓑ fourth   ⓒ enter   ⓓ homeroom teacher

1

(   )

2

(   )

3

(   )

C 사진에 알맞은 단어를 보기 에서 골라 쓰세요.

보기   sixth   Korean   favorite   second

1

2

3

D 그림에 알맞은 문장을 골라 연결하세요.

1

• I am good at English.

• What grade are you in?

2

• My favorite subject is art.

E 그림에 알맞은 단어를 골라 문장을 완성하세요.

1 I am good at _____.
(나는 수학을 잘해.)

math

music

2 My favorite subject is _____.
(내가 가장 좋아하는 과목은 과학이야.)

history

science

3 I'm in the _____ grade.
(나는 3학년이야.)

second

third

◉ 다음 영어 단어를 써 보세요.

breakfast 아침 식사

breakfast

lunch 점심 식사

lunch

dinner 저녁 식사

dinner

snack 간식

snack

thirsty 목마른

thirsty

cook 요리하다; 요리사

cook

bake 굽다

bake

fry 튀기다

fry

meat 고기

meat

vegetable 야채

vegetable

fruit 과일

fruit

noodle 면

noodle

rice 쌀, 밥

rice

sweet 달콤한

sweet

delicious 맛있는

delicious

fresh 신선한

fresh

sugar 설탕

sugar

salt 소금

salt

oil 기름

oil

fast food 패스트푸드

fast food

◉ 다음 필수 문장을 듣고 따라 읽은 후, 문장을 만들어 말해 보세요.

A • I have breakfast every day.

나는 매일 아침 식사를 해. [교과서]

I have _____ every day.

나는 매일 점심 식사를 해.

I have _____ every day.

나는 매일 저녁 식사를 해.

B • Mix butter and sugar together. [회화필수]

버터와 설탕을 함께 섞으세요.

Mix butter and _____ together.

버터와 소금을 함께 섞으세요.

Mix butter and _____ together.

버터와 기름을 함께 섞으세요.

C • I'd like a vegetable pizza, please. [교과서]

저는 야채 피자로 주세요.

I'd like a _____ pizza, please.

저는 쌀 피자로 주세요.

I'd like a _____ pizza, please.

저는 과일 피자로 주세요.

D • How often do you eat fast food? [교과서]

너는 패스트푸드를 얼마나 자주 먹니?

How often do you eat _____?

너는 고기를 얼마나 자주 먹니?

How often do you eat _____s?

너는 간식을 얼마나 자주 먹니?

A 다음을 듣고, 들려주는 단어에 ✓ 표시 하세요.

1

☐　　☐

2

☐　　☐

B 그림에 알맞은 단어와 우리말 뜻을 연결하세요.

1

fry　　　　면, 국수

2

noodle　　　튀기다

3

delicious　　맛있는

C 사진에 알맞은 단어를 찾아 동그라미 한 후, 빈칸에 쓰세요.

1

s h b a k e n

2

u f r e s h a f

3

w j c o o k g

D 문장을 읽고, 그림에 알맞은 단어를 골라 ✓ 표시 하세요.

1

I have

breakfast ☐

dinner ☐

every day.

2

I'd like a

fruit ☐

vegetable ☐

pizza, please.

E 우리말에 맞게 단어나 어구를 바르게 배열하여 문장을 쓰세요.

1 나는 매일 점심 식사를 해.

(I / every day / have lunch / .)

➡ _____

2 버터와 설탕을 함께 섞으세요.

(butter and sugar / Mix / together / .)

➡ _____

3 너는 패스트푸드를 얼마나 자주 먹니?

(eat / How often / you / fast food / do / ?)

➡ _____

● 다음 영어 단어를 써 보세요.

boat 보트

boat

truck 트럭

truck

helicopter 헬리콥터

helicopter

road 도로

road

bus stop 버스 정류장

bus stop

station 역

station

crosswalk 횡단보도

crosswalk

corner 코너, 모퉁이

corner

drive 운전하다

drive

ride 타다

ride

seatbelt 안전벨트

seatbelt

helmet 헬멧

helmet

fast 빠른; 빨리

fast

slow 느린

slow

safe 안전한

safe

dangerous 위험한

dangerous

traffic light 신호등

traffic light

accident 사고

accident

highway 고속도로

highway

speed 속도

speed

● 다음 필수 문장을 듣고 따라 읽은 후, 문장을 만들어 말해 보세요.

A • Where is the bus stop?

버스 정류장은 어디인가요? 교과서

Where is the _____?

횡단보도는 어디인가요?

Where is the _____?

고속도로는 어디인가요?

B • You can get there by boat.

너는 보트를 타고 거기에 갈 수 있어. 교과서

You can get there by _____.

너는 트럭을 타고 거기에 갈 수 있어.

You can get there by _____.

너는 헬리콥터를 타고 거기에 갈 수 있어.

C • Go straight and turn left at the corner. 교과서

똑바로 가서 모퉁이에서 왼쪽으로 도세요.

Go straight and turn left at the train _____.

똑바로 가서 기차역에서 왼쪽으로 도세요.

Go straight and turn left at the _____.

똑바로 가서 신호등에서 왼쪽으로 도세요.

A 다음을 듣고, 들려주는 단어에 ✓ 표시 하세요.

1

☐ ☐

2

☐ ☐

B 사진에 알맞은 단어를 골라 동그라미 하세요.

1

helmet

seatbelt

2

safe

dangerous

3

accident

crosswalk

C 그림에 알맞은 단어를 골라 쓰세요.

1

fast   slow

2

ride   drive

3

speed   road

D 그림과 일치하는 문장을 골라 ✓ 표시 하세요.

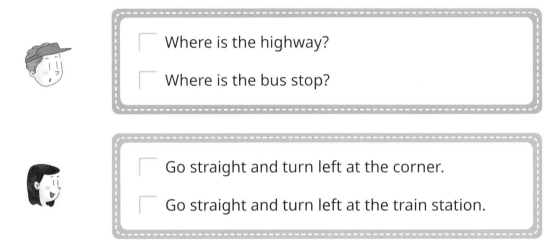

☐ Where is the highway?

☐ Where is the bus stop?

☐ Go straight and turn left at the corner.

☐ Go straight and turn left at the train station.

E 우리말에 맞게 알맞은 단어를 보기 에서 골라 문장을 완성하세요.

보기	truck	traffic light	crosswalk	boat

1 횡단보도는 어디인가요?

Where is the _____?

2 너는 보트를 타고 거기에 갈 수 있어.

You can get there by _____.

3 똑바로 가서 신호등에서 왼쪽으로 도세요.

Go straight and turn left at the _____.

● 다음 영어 단어를 써 보세요.

need 필요로 하다

need

look for ~을 찾다

look for

free 무료의, 자유로운

free

pay 지불하다

pay

cost (값이) ~이다; 비용

cost

spend (돈을) 쓰다, (시간을) 보내다

spend

cheap 싼

cheap

expensive 비싼

expensive

discount 할인

discount

pick 고르다

pick

cash 현금

cash

credit card 신용카드

credit card

shopping mall 쇼핑몰

shopping mall

clerk 점원

clerk

order 주문하다; 주문

order

bill 청구서

bill

purchase 구입하다

purchase

customer 손님, 고객

customer

plastic bag 비닐봉지

plastic bag

receipt 영수증

receipt

● 다음 필수 문장을 듣고 따라 읽은 후, 문장을 만들어 말해 보세요.

A • I think it's expensive. 교과서
내 생각에 그건 비싸.

I think it's _____.
내 생각에 그건 싸.

I think it's _____.
내 생각에 그건 무료야.

B • I need a new bicycle.
나는 새 자전거가 필요해. 회화필수

I _____ a new credit card.
나는 새 신용카드가 필요해.

I _____ a new plastic bag.
나는 새 비닐봉지가 필요해.

C • You can order food online.
온라인으로 음식을 주문할 수 있어요.
회화필수

You can _____ food online.
온라인으로 음식을 고를 수 있어요.   * choose: 고르다

You can _____ food online.
온라인으로 음식을 구입할 수 있어요.

A 다음을 듣고, 들려주는 단어에 ✓ 표시 하세요.

1

☐ ☐

2

☐ ☐

B 단어를 알맞은 우리말 뜻과 연결하세요.

1 pay •
2 spend •
3 cost •

• 지불하다

• (값이) ~이다; 비용

• (돈을) 쓰다, (시간을) 보내다

C 사진에 알맞은 단어를 보기 에서 골라 쓰세요.

보기 customer   bill   shopping mall   clerk

1

_____

2

_____

3

_____

D 그림과 문장이 일치하면 ○표, 일치하지 <u>않으면</u> ×표 하세요.

1

I need a new bicycle. ( )

2

I think it's expensive. ( )

3

You can order food online. ( )

E 암호를 풀어 문장을 다시 쓰세요.

> ♣ = free ★ = need ◎ = online
>
> ♥ = credit card ♠ = purchase ◼ = think

1 I ◼ it's ♣. (내 생각에 그건 무료야.)

 _____

2 I ★ a new ♥. (나는 새 신용카드가 필요해.)

 _____

3 You can ♠ food ◎. (온라인으로 음식을 구입할 수 있어요.)

 _____

● 다음 영어 단어를 써 보세요.

zero 0, 영

zero

eleven 11, 열하나

eleven

twelve 12, 열둘

twelve

thirteen 13, 열셋

thirteen

twenty 20, 스물

twenty

thirty 30, 서른

thirty

forty 40, 마흔

forty

many (수가) 많은

many

much (양이) 많은

much

more 더 많은; 더

more

some 약간의, 몇몇의

some

half 반, 절반

half

enough 충분한

enough

total 합계

total

count 세다

count

add 더하다

add

number 숫자, 번호

number

hundred 100, 백

hundred

thousand 1,000, 천

thousand

million 100만

million

● 다음 필수 문장을 듣고 따라 읽은 후, 문장을 만들어 말해 보세요.

A • We're eleven years old.
우리는 열한 살이에요. 회화필수

We're _____ years old.
우리는 열두 살이에요.

We're _____ years old.
우리는 열세 살이에요.

B • I saw many birds there.
나는 그곳에서 많은 새들을 봤어. 교과서

I saw _____ birds there.
나는 그곳에서 더 많은 새들을 봤어.

I saw _____ birds there.
나는 그곳에서 몇 마리의 새들을 봤어.

C • We have enough food.
우리는 충분한 음식이 있어. 회화필수

We have too _____ food.
우리는 너무 많은 음식이 있어.   * too: 너무

We have _____ food.
우리는 약간의 음식이 있어.

D • It's six thousand won.
그것은 6천 원이에요. 교과서

It's six _____ won.
그것은 6백 원이에요.

It's six _____ won.
그것은 6백만 원이에요.

A 다음을 듣고, 들려주는 단어에 ✓ 표시 하세요.

1

☐ ☐

2

☐ ☐

B 사진에 알맞은 단어를 골라 연결하세요.

1

●

2

●

3

●

●
| thirty |

●
| zero |

●
| forty |

●
| twenty |

C 그림에 알맞은 단어를 찾아 동그라미 한 후 빈칸에 쓰세요.

t s p t o t a l e r a d d h g f n u m b e r a o y c

1

☐

2
3+7=10

☐

3

D 그림을 보고, 문장의 빈칸에 들어갈 알맞은 단어를 고르시오.

1

We're _____ years old.

ⓐ eleven

ⓑ twelve

ⓒ thirteen

2

It's six _____ won.

ⓐ hundred

ⓑ thousand

ⓒ million

E 우리말에 맞게 밑줄 친 부분을 바르게 고쳐 문장을 다시 쓰세요.

1 나는 그곳에서 많은 새들을 봤어.

I saw <u>some</u> birds there.

➡ _____

2 우리는 약간의 음식이 있어.

We have <u>enough</u> food.

➡ _____

3 우리는 열한 살이에요.

We're <u>thirteen</u> years old.

➡ _____

◉ 다음 영어 단어를 써 보세요.

hobby 취미

hobby

like 좋아하다

like

enjoy 즐기다

enjoy

movie 영화

movie

game 게임

game

sing 노래하다

sing

dance 춤; 춤추다

dance

draw 그리다

draw

swim 수영하다

swim

climb 오르다

climb

collect 모으다

collect

free time 자유 시간

free time

exciting 신나는

exciting

fun 재미; 재미있는

fun

adventure 모험

adventure

sports 스포츠, 운동

sports

hike 하이킹을 가다

hike

indoor 실내의

indoor

outdoor 야외의

outdoor

activity 활동

activity

● 다음 필수 문장을 듣고 따라 읽은 후, 문장을 만들어 말해 보세요.

A • I want to climb Hallasan.

나는 한라산을 오르고 싶어. [교과서]

I want to _____ Hallasan.

나는 한라산을 하이킹하고 싶어.

I want to _____ Hallasan.

나는 한라산을 그리고 싶어.

B • What do you do in your
free time? [회화필수]

자유 시간에는 무엇을 하니?

What does he do in his _____?

그는 자유 시간에 무엇을 하니?

What does she do in her _____?

그녀는 자유 시간에 무엇을 하니?

C • I usually watch a movie on
Saturday. [교과서]

나는 토요일에 주로 영화를 봐.

I usually play a board _____ on
Saturday.

나는 토요일에 주로 보드 게임을 해.

I usually watch _____ on
Saturday.

나는 토요일에 주로 스포츠를 봐.

D • I like winter because I can
enjoy winter sports. [교과서]

나는 겨울 스포츠를 즐길 수 있어서 겨울이 좋아.

I like winter because I can enjoy winter
_____.

나는 겨울 활동들을 즐길 수 있어서 겨울이 좋아.

I like winter because I can enjoy winter
_____.

나는 겨울 모험들을 즐길 수 있어서 겨울이 좋아.

A 다음을 듣고, 들려주는 단어에 ✓ 표시 하세요.

1

☐ ☐

2

☐ ☐

B 단어와 우리말 뜻이 바르게 짝지어진 것을 골라 ○표 하세요.

1 | hobby 취미 | ( )
2 | fun 모험 | ( )

3 | indoor 야외의 | ( )
4 | exciting 신나는 | ( )

5 | like 좋아하다 | ( )
6 | enjoy 오르다 | ( )

C 사진에 알맞은 단어를 보기 에서 골라 쓰세요.

보기 outdoor   sing   collect   swim

1

2

3

D 그림에 알맞은 문장을 골라 기호를 쓰세요.

> ⓐ I want to draw Hallasan.
> ⓑ What do you do in your free time?
> ⓒ I like winter because I can enjoy winter sports.

1
( )

2
( )

3
( )

E 우리말에 맞게 알파벳을 바르게 배열하여 문장을 완성하세요.

1 나는 한라산을 오르고 싶어.

I want to _____ Hallasan.
(b i c m l)

2 나는 토요일에 주로 영화를 봐.

I usually watch a _____ on Saturday.
(i o v e m)

3 나는 겨울 모험들을 즐길 수 있어서 겨울이 좋아.

I like winter because I can enjoy winter _____.
(e s d a e v n r u t)

● 다음 영어 단어를 써 보세요.

throw 던지다

throw

kick (발로) 차다

kick

shoot 슛을 하다

shoot

player 운동선수

player

race 경주

race

soccer 축구

soccer

tennis 테니스

tennis

baseball 야구

baseball

basketball 농구

basketball

badminton 배드민턴

badminton

jump rope 줄넘기

jump rope

exercise 운동; 운동하다

exercise

sweat 땀

sweat

practice 연습; 연습하다

practice

score 득점; (득점을) 하다

score

target 표적, 목표

target

win 이기다

win

lose 지다

lose

goal 골, 득점, 목표

goal

compete 경쟁하다

compete

● 다음 필수 문장을 듣고 따라 읽은 후, 문장을 만들어 말해 보세요.

A • Jack, throw a ball!

Jack, 공을 던져! 회화필수

Jack, _____ the ball!

Jack, 공을 차!

Jack, _____ the ball!

Jack, 공을 슛을 해!

B • You're good at playing soccer. 교과서

너는 축구를 잘해.

You're good at playing _____.

너는 야구를 잘해.

You're good at playing _____.

너는 농구를 잘해.

C • My favorite sport is basketball. 교과서

내가 가장 좋아하는 운동은 농구야.

My favorite sport is _____.

내가 가장 좋아하는 운동은 테니스야.

My favorite sport is _____.

내가 가장 좋아하는 운동은 배드민턴이야.

D • You should practice more.

너는 더 많이 연습해야 해. 회화필수

You should _____ more.

너는 더 많이 운동해야 해.

You should _____ more.

너는 더 많이 이겨야 해.

A 다음을 듣고, 들려주는 단어에 ✓ 표시 하세요.

1

☐ ☐

2

☐ ☐

B 사진에 알맞은 단어를 골라 기호를 쓰세요.

ⓐ lose　　ⓑ compete　　ⓒ score　　ⓓ exercise

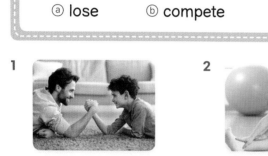

1 (　　)　　**2** (　　)　　**3** (　　)

C 그림에 알맞은 단어를 퍼즐에서 찾아 동그라미 한 후, 빈칸에 쓰세요.

g	w	a	c	u	s
o	f	n	y	w	i
a	x	g	e	v	m
l	t	a	b	b	r
z	t	p	o	s	d
p	l	a	y	e	r

1

2

3

D 문장을 읽고, 알맞은 그림을 골라 동그라미 하세요.

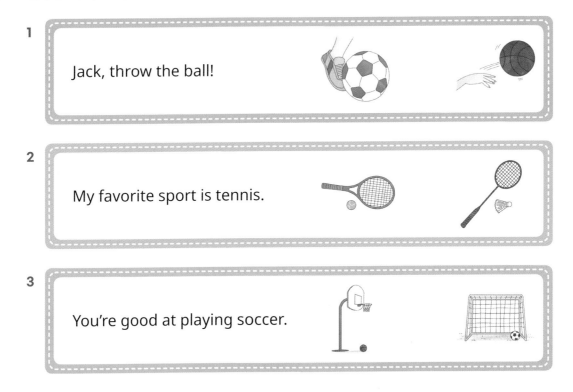

1 Jack, throw the ball!

2 My favorite sport is tennis.

3 You're good at playing soccer.

E 우리말에 맞게 단어를 바르게 배열하여 문장을 완성하세요.

1 너는 더 많이 연습해야 해. (practice / more / should)

➡ You _____ .

2 내가 가장 좋아하는 운동은 농구야. (basketball / sport / is / favorite)

➡ My _____ .

3 너는 야구를 잘해. (playing / at / baseball / good)

➡ You're _____ .

◉ 다음 영어 단어를 써 보세요.

town 소도시

town

area 지역

area

city 도시

city

street 거리

street

block 구역, 블록

block

building 건물

building

live 살다

live

move 이사하다

move

local 지역의

local

crowded 붐비는

crowded

busy 바쁜

busy

exhibit 전시하다

exhibit

concert 콘서트

concert

city hall 시청

city hall

map 지도

map

traffic jam 교통 체증

traffic jam

apartment 아파트

apartment

skyscraper 고층 빌딩

skyscraper

tower 탑, 타워

tower

bridge 다리

bridge

● 다음 필수 문장을 듣고 따라 읽은 후, 문장을 만들어 말해 보세요.

A • I live in Sydney, Australia.
나는 호주의 시드니에 살아. [교과서]

I ＿＿＿＿＿＿＿ in Seoul, Korea.
나는 한국의 서울에 살아.   * Seoul: 서울, Korea: 한국

I ＿＿＿＿＿＿＿ in Paris, France.
나는 프랑스의 파리에 살아.   * Paris: 파리, France: 프랑스

B • Many people visit the tower every year. [교과서]
많은 사람들이 매년 그 탑을 방문한다.

Many people visit the ＿＿＿＿＿＿＿ every year.
많은 사람들이 매년 그 도시를 방문한다.

Many people visit the ＿＿＿＿＿＿＿ every year.
많은 사람들이 매년 그 거리를 방문한다.

C • We have space behind the building. [교과서]
우리는 그 건물 뒤에 공간이 있어.

We have space behind ＿＿＿＿＿＿.
우리는 시청 뒤에 공간이 있어.

We have space behind the ＿＿＿＿＿＿.
우리는 그 고층 빌딩 뒤에 공간이 있어.

D • Go straight one block and turn right. [교과서]
한 블록 직진하고 오른쪽으로 도세요.

Go straight two ＿＿＿＿＿＿s and turn right.
두 블록 직진하고 오른쪽으로 도세요.   * two: 2, 둘

Go straight three ＿＿＿＿＿＿s and turn right.
세 블록 직진하고 오른쪽으로 도세요.   * three: 3, 셋

A 다음을 듣고, 들려주는 단어에 ✓ 표시 하세요.

1

☐ ☐

2

☐ ☐

B 사진에 알맞은 단어를 골라 동그라미 하세요.

1

busy

local

2

concert

exhibit

3

apartment

traffic jam

C 그림에 알맞은 단어를 찾아 동그라미 한 후, 빈칸에 쓰세요.

1

e c t o w n k b s

2

d a r e a j p a

3

c r o w d e d u i

D 문장을 읽고, 알맞은 그림과 연결하세요.

1

I live in Sydney, Australia.

2

Go straight one block and turn right.

3

Many people visit the tower every year.

E 우리말에 맞게 필요한 단어만 골라 문장을 완성하세요.

1 많은 사람들이 매년 그 도시를 방문한다.

| the | street | visit | city |

➡ Many people ＿＿＿＿＿＿ ＿＿＿＿＿＿ ＿＿＿＿＿＿ every year.

2 우리는 그 고층 빌딩 뒤에 공간이 있어.

| behind | skyscraper | building | the |

➡ We have space ＿＿＿＿＿＿ ＿＿＿＿＿＿ ＿＿＿＿＿＿.

3 두 블록 직진하고 오른쪽으로 도세요.

| blocks | straight | one | Go | two |

➡ ＿＿＿＿＿＿ ＿＿＿＿＿＿ ＿＿＿＿＿＿ ＿＿＿＿＿＿ and turn right.

● 다음 영어 단어를 써 보세요.

picnic 소풍

picnic

travel 여행하다; 여행

travel

visit 방문하다; 방문

visit

relax 쉬다

relax

campfire 캠프파이어, 모닥불

campfire

place 장소

place

sail 항해하다

sail

surf 서핑하다

surf

wave 파도

wave

beach 해변

beach

weekend 주말

weekend

hotel 호텔

hotel

holiday 공휴일

holiday

memory 기억

memory

experience 경험

experience

passport 여권

passport

stay 머무르다

stay

reserve 예약하다

reserve

arrive 도착하다

arrive

cancel 취소하다

cancel

● 다음 필수 문장을 듣고 따라 읽은 후, 문장을 만들어 말해 보세요.

A • I will swim at the beach.

나는 해변에서 수영할 거야. 교과서

I will surf at the _____.

나는 해변에서 서핑할 거야.

I will relax at the _____.

나는 해변에서 쉴 거야.

B • I want to travel to many countries. 교과서

나는 많은 나라를 여행하고 싶어.

I want to _____ to many cities.

나는 많은 도시를 여행하고 싶어.   * city: 도시

I want to _____ to many areas.

나는 많은 지역을 여행하고 싶어.   * area: 지역

C • We're going to visit the toy museum. 교과서

우리는 장난감 박물관을 방문할 거야.

We're going to _____ a famous place.

우리는 유명한 장소를 방문할 거야.   * famous: 유명한

We're going to _____ the hotel.

우리는 그 호텔을 방문할 거야.

A 다음을 듣고, 들려주는 단어에 ✓ 표시 하세요.

1

☐ ☐

2

☐ ☐

B 단어에 알맞은 우리말 뜻을 골라 ✓ 표시 하세요.

1	holiday	여권	☐	2	weekend	주말	☐
		공휴일	☐			기억	☐

3	reserve	예약하다	☐	4	experience	방문	☐
		취소하다	☐			경험	☐

C 사진에 알맞은 단어를 골라 쓰세요.

1

sail   campfire

_____

2

memory   wave

_____

3

stay   travel

_____

D 사다리를 타고 내려가 그림과 문장이 일치하면 ○표, 일치하지 <u>않으면</u> ×표 하세요.

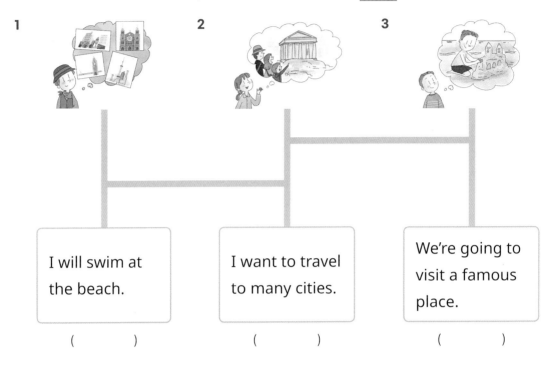

1

2

3

I will swim at the beach.

( )

I want to travel to many cities.

( )

We're going to visit a famous place.

( )

E 우리말에 맞게 알맞은 단어를 보기 에서 골라 문장을 완성하세요.

보기   travel   cancel   beach   visit

1 나는 해변에서 쉴 거야.

I will relax at the _____.

2 나는 많은 나라를 여행하고 싶어.

I want to _____ to many countries.

3 우리는 장난감 박물관을 방문할 거야.

We're going to _____ the toy museum.

Events & Anniversaries 이벤트와 기념일

◉ 다음 영어 단어를 써 보세요.

party 파티

party

gift 선물

gift

invite 초대하다

invite

guest 손님

guest

card 카드

card

candle 양초

candle

present 선물

present

date 날짜

date

special 특별한

special

balloon 풍선

balloon

birthday 생일

birthday

wedding 결혼식

wedding

couple 커플, 부부

couple

magic 마법; 마법의

magic

festival 축제, 페스티벌

festival

together 함께

together

crowd 사람들, 군중

crowd

photograph 사진

photograph

costume 의상

costume

congratulate 축하하다

congratulate

● 다음 필수 문장을 듣고 따라 읽은 후, 문장을 만들어 말해 보세요.

A • I bought a gift for you.
나는 널 위한 선물을 샀어. 교과서

I bought a _____ for you.
나는 너를 위해 양초를 샀어.

I bought a _____ for you.
나는 너를 위해 풍선을 샀어.

B • Kate invited me to the party.
Kate가 나를 파티에 초대했어. 회화필수

Kate _____ me to the festival.
Kate가 나를 축제에 초대했어.

Kate _____ me to the wedding.
Kate가 나를 결혼식에 초대했어.

C • I sent a card to my grandmother. 교과서
나는 할머니께 카드를 보냈어.

I sent a _____ to my grandmother.
나는 할머니께 선물을 보내 드렸어.

I sent a _____ to my grandmother.
나는 할머니께 사진을 보내 드렸어.

D • My mother's birthday is June 1. 교과서
우리 어머니의 생일은 6월 1일이다.

My brother's _____ is June 1.
우리 형의 생일은 6월 1일이다.   * brother: 형, 오빠, 남동생

My sister's _____ is June 1
우리 누나의 생일은 6월 1일이다.   * sister: 누나, 언니, 여동생

A 다음을 듣고, 들려주는 단어에 ✔ 표시 하세요.

1

☐ ☐

2

☐ ☐

B 사진에 알맞은 단어를 골라 동그라미 하세요.

1

date

party

2

guest

together

3

couple

congratulate

C 그림에 알맞은 단어를 완성하세요.

1

s ☐ e ☐ al

2
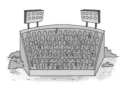

r ☐ d

3

☐ ost ☐ m ☐

D 문장을 읽고, 그림에 알맞은 단어를 골라 ✓ 표시 하세요.

1

I bought a | candle ☐ | balloon ☐ | for you.

candle ☐

balloon ☐

I bought a   for you.

2

card ☐

present ☐

I sent a   to my grandmother.

E 미로를 통과하며 만나는 단어들로 우리말에 맞게 문장을 쓰세요.

1

출발	the	party
Kate	to	.
invited	me	도착

Kate가 나를 파티에 초대했어.

_____

_____

2

mother's	My	도착
birthday	출발	.
is	June	1

우리 어머니의 생일은 6월 1일이야.

_____

_____

● 다음 영어 단어를 써 보세요.

sand 모래

sand

desert 사막

desert

forest 숲

forest

leaf (나뭇)잎

leaf

soil 흙

soil

cliff 절벽

cliff

island 섬

island

ocean 바다

ocean

fog 안개

fog

storm 폭풍

storm

flood 홍수

flood

nature 자연

nature

season 계절

season

South Pole 남극

South Pole

North Pole 북극

North Pole

iceberg 빙하

iceberg

climate 기후

climate

weather 날씨

weather

forecast 예상하다; 예보

forecast

atmosphere 대기

atmosphere

● 다음 필수 문장을 듣고 따라 읽은 후, 문장을 만들어 말해 보세요.

A • I love nature. 회화필수
나는 자연을 좋아해.

I love _____.
나는 안개를 좋아해.

I love _____.
나는 흙을 좋아해.

B • What season do you like? 교과서
너는 어떤 계절을 좋아해?

What _____ do you like?
너는 어떤 섬을 좋아해?

What _____ do you like?
너는 어떤 기후를 좋아해?

C • It is very hot in the desert. 회화필수
사막은 매우 더워.

It isn't very hot in the _____.
숲속은 그렇게 덥지 않아.

It is very hot near the _____.
바다 가까이는 매우 더워.   * near: ~ 가까이

D • The sky is clear and the weather is cool. 교과서
하늘은 맑고 날씨는 시원해.

The sky is clear and the _____ is nice.
하늘은 맑고 날씨는 좋아.

The sky is clear and the _____ is great.
하늘은 맑고 날씨는 아주 좋아.   * great: 아주 좋은

A 다음을 듣고, 들려주는 단어에 ✓ 표시 하세요.

1

2

B 그림에 알맞은 단어와 우리말 뜻을 연결하세요.

1

· · South Pole · · 대기

2

· · North Pole · · 북극

3

· · atmosphere · · 남극

C 사진에 알맞은 단어가 되도록 알파벳을 바르게 배열하여 쓰세요.

1

d s n a

2

m o s r t

3

s e o c f a t r

D 그림에 알맞은 문장이 되도록 두 부분을 연결하세요.

1

I love • • do you like?

2

What season • • in the desert.

3

It is very hot • • nature.

E 우리말에 맞게 밑줄 친 부분을 바르게 고쳐 문장을 다시 쓰세요.

1 넌 어떤 기후를 좋아해?

What <u>island</u> do you like?

➡ _____

2 숲속은 그렇게 덥지 않아.

It isn't very hot in the <u>desert</u>.

➡ _____

3 하늘은 맑고 날씨는 시원해.

The sky is clear and the <u>atmosphere</u> is cool.

➡ _____

● 다음 영어 단어를 써 보세요.

bird 새

bird

zebra 얼룩말

zebra

elephant 코끼리

elephant

bee 벌

bee

wolf 늑대

wolf

giraffe 기린

giraffe

wing 날개

wing

tail 꼬리

tail

nest 둥지

nest

pet 반려동물

pet

alive 살아 있는

alive

dead 죽은

dead

grow 자라다, 재배하다

grow

feed 먹이다

feed

insect 곤충

insect

cattle 소

cattle

wild animal 야생 동물

wild animal

species (생물의) 종

species

birth 탄생

birth

breathe 호흡하다

breathe

● 다음 필수 문장을 듣고 따라 읽은 후, 문장을 만들어 말해 보세요.

A • The elephant is bigger than the bird. 교과서

코끼리는 새보다 더 크다.

The _____ is bigger than the bird.

늑대는 새보다 더 크다.

The _____ is bigger than the bird.

얼룩말은 새보다 더 크다.

B • Birds can fly because they have wings. 회화필수

새들은 날개가 있어서 날 수 있어.

Bees can fly because they have _____.

벌들은 날개가 있어서 날 수 있어.

Insects can fly because they have _____.

곤충들은 날개가 있어서 날 수 있어.

C • My puppy is growing fast.

내 강아지는 빠르게 자라고 있어. 회화필수

My bird is _____ fast.

내 새는 빠르게 자라고 있어.

My pet is _____ fast.

내 반려동물은 빠르게 자라고 있어.

D • I saw many sea birds there.

나는 그곳에서 많은 바닷새들을 봤어. 교과서

I saw many _____ there.

나는 그곳에서 많은 기린들을 봤어.

I saw many _____ there.

나는 그곳에서 많은 야생 동물들을 봤어.

A 다음을 듣고, 들려주는 단어에 ✓ 표시 하세요.

1

☐   ☐

2

☐   ☐

B 사진에 알맞은 단어를 골라 연결하세요.

1   2   3

species   alive   tail   dead

C 그림에 알맞은 단어를 찾아 동그라미 한 후, 빈칸에 쓰세요.

w o j g b r e a t h e r e f e e d u q f b i r t h b n

1   2   3

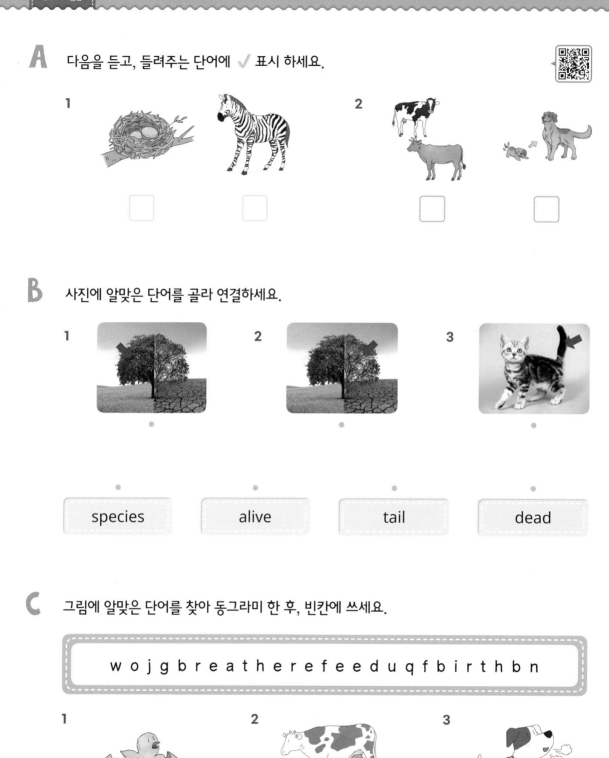

D 남자아이가 하는 말 중 그림과 일치하지 <u>않는</u> 문장을 골라 ✓ 표시 하세요.

☐ I saw many giraffes there.

☐ I saw many sea birds there.

☐ The zebra is bigger than the bird.

☐ The elephant is bigger than the bird.

E 우리말에 맞게 알맞은 단어를 보기 에서 골라 문장을 완성하세요.

보기   wings   insects   growing   wolf

1 내 강아지는 빠르게 자라고 있어.

My puppy is _____ fast.

2 늑대는 새보다 더 커.

The _____ is bigger than the bird.

3 새들은 날개가 있어서 날 수 있어.

Birds can fly because they have _____.

● 다음 영어 단어를 써 보세요.

wild 야생의

wild

hunt 사냥하다; 사냥

hunt

prey 먹이

prey

danger 위험

danger

waste 쓰레기; 낭비하다

waste

trash 쓰레기

trash

fuel 연료

fuel

protect 보호하다

protect

recycle 재활용하다

recycle

reuse 재사용하다

reuse

harmful 해로운

harmful

poison 독

poison

save 지키다, 절약하다

save

energy 에너지

energy

warn 경고하다

warn

pollution 오염

pollution

survive 살아남다

survive

extinct 멸종된

extinct

resource 자원

resource

global warming 지구 온난화

global warming

● 다음 필수 문장을 듣고 따라 읽은 후, 문장을 만들어 말해 보세요.

A • Let's save the earth. 교과서
지구를 지키자.

Let's _____ nature.
자연을 지키자.   * nature: 자연

Let's _____ the ocean.
바다를 지키자.   * ocean: 바다

B • We can save energy. 교과서
우리는 에너지를 절약할 수 있어.

We can save _____s.
우리는 자원을 절약할 수 있어.

We can save _____.
우리는 연료를 절약할 수 있어.

C • We should protect plants and animals. 회화필수
우리는 식물과 동물을 보호해야 해.

We should _____ wild animals.
우리는 야생 동물을 보호해야 해.   * wild animal: 야생 동물

We should _____ bees.
우리는 벌을 보호해야 해.   * bee: 벌

D • How about reusing plastic bottles? 교과서
플라스틱 병을 재사용하는 게 어때?

How about _____ energy?
에너지를 재사용하는 게 어때?

How about _____ fuel?
연료를 재사용하는 게 어때?

A 다음을 듣고, 들려주는 단어에 ✓ 표시 하세요.

1

☐ ☐

2

☐ ☐

B 그림에 알맞은 단어를 골라 동그라미 하세요.

1

wild

warn

2

harmful

extinct

3

hunt

survive

C 사진에 알맞은 단어를 보기 에서 골라 쓰세요.

| 보기 | prey | waste | poison | recycle |

1

2

3

D 문장을 읽고, 알맞은 우리말 뜻을 골라 ✔ 표시 하세요.

1

Let's save the earth.

지구를 지키자.	☐
물을 절약하자.	☐

2

How about reusing plastic bottles?

플라스틱 병을 재활용하는 게 어때?	☐
플라스틱 병을 재사용하는 게 어때?	☐

E 암호를 풀어 문장을 다시 쓰고, 우리말 뜻을 완성하세요.

▣ = protect	◎ = fuel	♥ = save
★ = energy	♠ = reusing	

1 We can ♥ ★.

➡ _____

우리는 _____을/를 _____할 수 있어.

2 How about ♠ ◎?

➡ _____

_____을/를 _____하는 게 어때?

3 We should ▣ plants and animals.

➡ _____

우리는 식물과 동물을 _____해야 해.

● 다음 영어 단어를 써 보세요.

world 세계

world

huge 거대한

huge

universe 우주

universe

earth 지구

earth

moon 달

moon

sun 해, 태양

sun

star 별

star

shooting star 별똥별

shooting star

half moon 반달

half moon

full moon 보름달

full moon

rocket 로켓

rocket

spaceship 우주선

spaceship

space station 우주 정거장

space station

telescope 망원경

telescope

planet 행성

planet

solar system 태양계

solar system

Mercury 수성

Mercury

Venus 금성

Venus

Mars 화성

Mars

Jupiter 목성

Jupiter

● 다음 필수 문장을 듣고 따라 읽은 후, 문장을 만들어 말해 보세요.

A • I need a telescope. 회화필수

나는 망원경이 필요해.

I need a _____.

나는 로켓이 필요해.

I need a _____.

나는 우주선이 필요해.

B • Our small hands can save the earth! 교과서

우리의 작은 손길이 지구를 구할 수 있어요!

Our small hands can save the _____!

우리의 작은 손길이 세상을 구할 수 있어요!

Our small hands can save the _____!

우리의 작은 손길이 우주를 구할 수 있어요!

C • You can go inside the spaceship. 교과서

여러분은 우주선 안으로 들어갈 수 있어요.

You can go to the _____.

여러분은 달로 갈 수 있어요.

You can go inside the _____.

여러분은 우주 정거장 안으로 들어갈 수 있어요.

D • You can look at the beautiful stars at night. 교과서

너는 밤에 아름다운 별들을 볼 수 있어.

You can look at the beautiful _____ at night.

너는 밤에 아름다운 반달을 볼 수 있어.

You can look at the beautiful _____ at night.

너는 밤에 아름다운 보름달을 볼 수 있어.

A 다음을 듣고, 들려주는 단어에 ✔ 표시 하세요.

1

☐ ☐

2

☐ ☐

B 사진에 알맞은 단어를 골라 동그라미 하세요.

1

planet

shooting star

2

sun

moon

3

huge

solar system

C 그림에서 1~3이 가리키는 행성의 영어 이름을 **보기** 에서 골라 쓰세요.

| 보기 | Venus | Jupiter | Mercury | Mars |

태양   수성   금성   달   목성   화성   지구

1   **2**   **3**

1 _____ 2 _____ 3 _____

D 그림에 알맞은 문장을 골라 기호를 쓰세요.

> ⓐ You can go inside the spaceship.
> ⓑ Our small hands can save the earth!
> ⓒ You can look at the beautiful half moon at night.

1

(   )

2

(   )

3

(   )

E 우리말에 맞게 알파벳을 바르게 배열하여 문장을 완성하세요.

1 나는 망원경이 필요해.

I need a _____.

(e s e o t l c e p)

2 우리의 작은 손길이 우주를 구할 수 있어요!

Our small hands can save the _____!

(v i e s u r e n)

3 너는 밤에 아름다운 별들을 볼 수 있어.

You can look at the beautiful _____ at night.

(a s t r s)

● 다음 영어 단어를 써 보세요.

poor 가난한

poor

rich 부유한

rich

work 일하다; 일

work

office 사무실

office

earn (돈을) 벌다

earn

job 직업, 일

job

business 사업

business

skill 기술

skill

succeed 성공하다

succeed

income 수입

income

company 회사

company

quit 그만두다

quit

develop 개발하다

develop

effort 노력

effort

crisis 위기

crisis

shock 충격

shock

cycle 순환

cycle

choice 선택

choice

trade 거래; 거래하다

trade

participate 참여하다

participate

● 다음 필수 문장을 듣고 따라 읽은 후, 문장을 만들어 말해 보세요.

A • What's your choice? 회화필수

너의 선택은 뭐야?

What's your _____?

너의 직업은 뭐야?

What are your _____s?

너의 기술은 뭐야?

B • Where is Dr. White's office?

White 박사님의 사무실은 어디인가요?

교과서

Where is her _____?

그녀의 사무실은 어디인가요?

Where is his _____?

그의 사무실은 어디인가요?

C • My dad works for the

company. 회화필수

우리 아빠는 그 회사에서 일하신다.

My mom works for the _____.

우리 엄마는 그 회사에서 일하신다.

My aunt works for the _____.

우리 고모는 그 회사에서 일하신다.   * aunt: 고모, 이모, (외)숙모

D • Betty, Jun, and Lina
talked about their future
jobs. 교과서

Betty, Jun, Lina는 그들의 미래 직업에 대
해 이야기했다.

Betty, Jun, and Lina talked about their
future _____.

Betty, Jun, Lina는 그들의 미래 사업에 대해 이야기했다.

Betty, Jun, and Lina talked about
their future _____.

Betty, Jun, Lina는 그들의 미래 수입에 대해 이야기했다.

A 다음을 듣고, 들려주는 단어에 ✔ 표시 하세요.

1

☐ ☐

2

☐ ☐

B 단어와 우리말 뜻이 바르게 짝지어진 것을 골라 ○표 하세요.

1 quit   그만두다   (   )   **2** succeed   거래하다   (   )

3 effort   선택   (   )   **4** develop   개발하다   (   )

5 cycle   위기   (   )   **6** participate   참여하다   (   )

C 그림에 알맞은 단어로 퍼즐을 완성하세요.

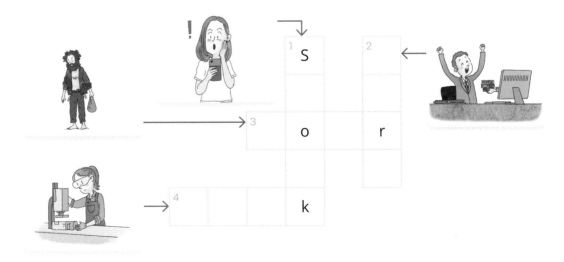

D 문장을 읽고, 알맞은 그림과 연결하세요.

1
What's your choice? •

2
Where is Dr. White's office? •

3
My dad works for the company. •

E 알파벳 미로를 빠져나가며 우리말에 맞게 단어를 찾아 문장을 완성하세요.

출발 ↓

f	j	a	s	n
i	o	q	l	y
u	b	c	b	m
k	r	o	t	h
z	d	m	p	a
p	g	h	s	n
v	s	u	b	y
o	i	w	e	c
j	n	e	s	s

도착 ↓

1 너의 직업은 뭐야?

What's your _____?

2 우리 엄마는 그 회사에서 일하신다.

My mom works for the

_____.

3 Betty, Jun, Lina는 그들의 미래 사업에 대해 이야기했다.

Betty, Jun, and Lina talked about their future _____.

● 다음 영어 단어를 써 보세요.

expert 전문가

expert

solve (문제를) 풀다

solve

heat 열

heat

weight 무게

weight

watch 보다; 손목시계

watch

test 시험, 테스트; 시험하다

test

true 사실인

true

fix 고치다

fix

create 창조하다

create

exact 정확한

exact

result 결과

result

clue 단서

clue

useful 유용한

useful

invent 발명하다

invent

research 연구; 연구하다

research

discover 발견하다

discover

problem 문제

problem

prove 증명하다

prove

technology 기술

technology

theory 이론

theory

● 다음 필수 문장을 듣고 따라 읽은 후, 문장을 만들어 말해 보세요.

A • I can solve it. [회화필수]
나는 그것을 풀 수 있어.

I can _____ it.
나는 그것을 고칠 수 있어.

I can _____ it.
나는 그것을 증명할 수 있어.

B • That's not always true.
그것이 항상 사실은 아니야. [교과서]

That's not always _____.
그것이 항상 정확하지는 않아.

That's not always _____.
그것이 항상 유용하지는 않아.

C • Who invented the airplane?
누가 비행기를 발명했나요? [교과서]

Who _____ the car?
누가 자동차를 발명했나요?

Who _____ the bike?
누가 자전거를 발명했나요?

* bike: 자전거

D • They discovered a new planet. [회화필수]
그들은 새로운 행성을 발견했어.

They _____ a new planet.
그들은 새로운 행성을 창조했어.

They _____ a new planet.
그들은 새로운 행성을 보았어.

A 다음을 듣고, 들려주는 단어에 ✓ 표시 하세요.

1

☐ ☐

2

☐ ☐

B 사진에 알맞은 단어를 골라 연결하세요.

1

2

3

●

heat

test

theory

weight

C 그림에 알맞은 단어가 되도록 알파벳을 바르게 배열하여 쓰세요.

1

e c u l

2

l m p b e o r

3

g o t h n c o y e l

D 그림에 알맞은 문장을 연결하세요.

1

 •

• I can solve it.

2

 •

• Who invented the airplane?

3

 •

• They discovered a new planet.

E 우리말에 맞게 단어를 바르게 배열하여 문장을 쓰세요.

1 나는 그것을 증명할 수 있어. (prove / can / it / I / .)

➡ _____

2 그것이 항상 사실은 아니야. (not / That / always / is / true / .)

➡ _____

3 누가 자동차를 발명했나요? (the / Who / car / invented / ?)

➡ _____

● 다음 영어 단어를 써 보세요.

past 과거

past

duty 의무

duty

promise 약속하다; 약속

promise

relationship 관계

relationship

act 행동하다

act

speech 연설

speech

join 가입하다

join

law 법

law

rule 규칙

rule

elect 선출하다

elect

culture 문화

culture

traditional 전통적인

traditional

god 신

god

hero 영웅

hero

president 대통령

president

public 공공의

public

country 나라

country

foreign 외국의

foreign

social 사회의

social

religion 종교

religion

● 다음 필수 문장을 듣고 따라 읽은 후, 문장을 만들어 말해 보세요.

A • His speech was boring.
그의 연설은 지루했다. 회화필수

His _____ was boring.
그의 과거는 지루했다.

His _____ was boring.
그의 나라는 지루했다.

B • Please join our club. 교과서
우리 동아리에 가입하세요.

Please _____ our class.
우리 강좌에 가입하세요.   * class: 강좌, 수업

Please _____ our group.
우리 모임에 가입하세요.   * group: 모임, 그룹

C • We elected her president.
우리는 그녀를 대통령으로 선출했다. 회화필수

We _____ him president.
우리는 그를 대통령으로 선출했다.

We _____ Mr. Smith president.
우리는 Smith 씨를 대통령으로 선출했다.

D • *Minhwa* is a traditional Korean painting. 교과서
민화는 한국의 전통적인 회화이다.

Bulgogi is a _____ Korean dish.
불고기는 한국의 전통적인 요리이다.   * bulgogi: 불고기, dish 요리

Yunnori is a _____ Korean game.
윷놀이는 한국의 전통적인 게임이다.   * yunnori: 윷놀이, game 게임

A 다음을 듣고, 들려주는 단어에 ✔ 표시 하세요.

1

☐ ☐

2

☐ ☐

B 그림에 알맞은 단어를 골라 동그라미 하세요.

1

foreign

president

2

promise

social

3

past

relationship

C 사진에 알맞은 단어를 골라 쓰세요.

1

god   rule

2

hero   duty

3

act   culture

D 그림에 알맞은 문장이 되도록 두 부분을 연결하세요.

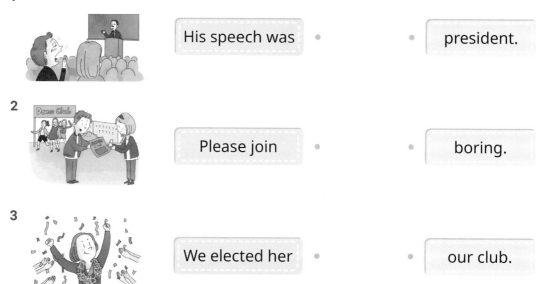

1 His speech was • • president.

2 Please join • • boring.

3 We elected her • • our club.

E 우리말에 맞게 알맞은 단어를 보기 에서 골라 문장을 완성하세요.

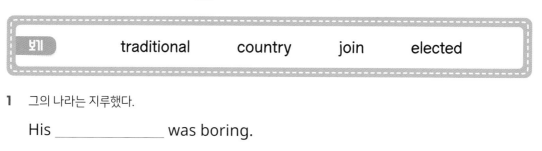

보기　　　traditional　　country　　join　　elected

1 그의 나라는 지루했다.

His _____ was boring.

2 우리는 그를 대통령으로 선출했다.

We _____ him president.

3 민화는 한국의 전통적인 회화야.

Minhwa is a(n) _____ Korean painting.

◉ 다음 영어 단어를 써 보세요.

computer 컴퓨터

computer

laptop 휴대용 컴퓨터, 노트북

laptop

call 전화하다, 부르다

call

cell phone 휴대전화

cell phone

send 보내다

send

email 이메일

email

network 네트워크

network

print 인쇄하다

print

fan 팬, 선풍기

fan

title 제목

title

stage 무대

stage

program 프로그램

program

popular 인기 있는

popular

online 온라인의

online

real 진짜의, 실제의

real

famous 유명한

famous

information 정보

information

international 국제적인

international

communication 의사소통

communication

connect 접속하다, 연결하다

connect

● 다음 필수 문장을 듣고 따라 읽은 후, 문장을 만들어 말해 보세요.

A • Using a cell phone is good.
　　휴대전화를 사용하는 것은 좋아. 교과서

Using a ＿＿＿＿＿＿＿ is good.
휴대용 컴퓨터를 사용하는 것은 좋아.

Using a ＿＿＿＿＿＿＿ is good.
네트워크를 사용하는 것은 좋아.

B • I need a new computer.
　　나는 새 컴퓨터가 필요해. 회화필수

I need a new ＿＿＿＿＿＿＿.
나는 새 프로그램이 필요해.

I need a new ＿＿＿＿＿＿＿.
나는 새 무대가 필요해.

C • I will send an email to
　　Emily. 교과서
　　나는 Emily에게 이메일을 보낼 거야.

I will send an ＿＿＿＿＿＿＿ to you.
나는 너에게 이메일을 보낼 거야.

I will send an ＿＿＿＿＿＿＿ to him.
나는 그에게 이메일을 보낼 거야.

D • The song is popular among
　　teenagers. 회화필수
　　그 노래는 십 대들 사이에서 인기 있어.

The book is ＿＿＿＿＿＿＿ among
teenagers.
그 책은 십 대들 사이에서 인기 있어.　　* book: 책

The movie is ＿＿＿＿＿＿＿ among
teenagers.
그 영화는 십 대들 사이에서 인기 있어.　　* movie: 영화

A 다음을 듣고, 들려주는 단어에 ✓ 표시 하세요.

1

☐ ☐

2

☐ ☐

B 단어를 알맞은 우리말 뜻과 연결하세요.

1 title • • 정보

2 information • • 제목

3 communication • • 의사소통

C 사진에 알맞은 단어를 보기 에서 골라 쓰세요.

보기   fan   send   famous   call

1

2

3

D 그림을 보고, 문장의 빈칸에 들어갈 알맞은 단어를 고르세요.

1

Using a _____ is good.

ⓐ laptop
ⓑ network
ⓒ cell phone

2

I need a new _____.

ⓐ stage
ⓑ computer
ⓒ program

E 그림에 맞게 알맞은 단어를 보기 에서 골라 쓰세요.

| 보기 | email | print | popular | laptop |

1

Using a _____ is good.

(휴대용 컴퓨터를 사용하는 것은 좋아.)

2

I will send an _____ to Emily.

(나는 Emily에게 이메일을 보낼 거야.)

3

The song is _____ among teenagers.

(그 노래는 십 대들 사이에서 인기 있어.)

◉ 다음 영어 단어를 써 보세요.

war 전쟁

war

peace 평화

peace

power 힘, 권력

power

bomb 폭탄

bomb

victory 승리

victory

soldier 군인

soldier

fear 공포

fear

steal 훔치다

steal

obey 복종하다

obey

jail 감옥

jail

thief 도둑

thief

punish 처벌하다

punish

fight 싸우다

fight

kill 죽이다

kill

prevent 막다

prevent

attack 공격; 공격하다

attack

crime 범죄

crime

threat 위협; 위협하다

threat

escape 탈출하다

escape

destroy 파괴하다

destroy

● 다음 필수 문장을 듣고 따라 읽은 후, 문장을 만들어 말해 보세요.

A • We want peace. 회화필수

우리는 평화를 원한다.

We don't want _____.

우리는 전쟁을 원하지 않는다.

We want _____.

우리는 힘을 원한다.

B • We must prevent crimes.

우리는 범죄를 막아야 한다. 회화필수

We must prevent _____s.

우리는 공격을 막아야 한다.

We must prevent _____s.

우리는 위협을 막아야 한다.

C • Someone stole my cell

phone. 회화필수

누군가가 내 휴대전화를 훔쳤다.

Someone _____ my bomb.

누군가가 내 폭탄을 훔쳤다.

Someone _____ my victory.

누군가가 내 승리를 훔쳤다.

D • He went to jail. 회화필수

그는 감옥에 갔다.

The thief went to _____.

그 도둑은 감옥에 갔다.

The soldier went to _____.

그 군인은 감옥에 갔다.

A 다음을 듣고, 들려주는 단어에 ✓ 표시 하세요.

1

☐ ☐

2

☐ ☐

B 그림에 알맞은 단어를 골라 연결하세요.

1  **2**  **3**

| fear | obey | kill | punish |

C 사진에 알맞은 단어를 완성하세요.

1  **2**  **3**

d ☐ s ☐ ro ☐   p ☐ ☐ r   ☐ r ☐ ent

D 그림에 알맞은 문장을 골라 연결하세요.

1

• We want power.

• We want peace.

2

• The thief went to jail.

• The soldier went to jail.

E 우리말에 맞게 알파벳을 바르게 배열하여 문장을 완성하세요.

1 그는 감옥에 갔다.

He went to _____.

(l a i j)

2 우리는 범죄를 막아야 한다.

We must prevent _____.

(r e m i s c)

3 누군가가 내 휴대전화를 훔쳤다.

Someone _____ my cell phone.

(t l s e o)

● 다음 영어 단어를 써 보세요.

east 동쪽

east

west 서쪽

west

north 북쪽

north

south 남쪽

south

root 뿌리

root

stone 돌

stone

focus 초점; 집중하다

focus

fill 채우다

fill

prefer 선호하다

prefer

correct 옳은

correct

error 오류, 실수

error

advise 충고하다

advise

compare 비교하다

compare

continue 계속하다

continue

drop 떨어지다

drop

middle 중앙; 중간의

middle

address 주소

address

forever 영원히

forever

happen 일어나다

happen

purpose 목적

purpose

● 다음 필수 문장을 듣고 따라 읽은 후, 문장을 만들어 말해 보세요.

A • I prefer summer to winter.

저는 겨울보다 여름을 선호해요. [회화필수]

I _____ east to west.

저는 서쪽보다 동쪽을 선호해요.

I _____ south to north.

저는 북쪽보다 남쪽을 선호해요.

B • There was an error. [회화필수]

오류가 있었어요.

There was a(n) _____.

돌이 있었어요.

There was a(n) _____.

주소가 있었어요.

C • Let's compare the two cities.

두 도시를 비교해 보자. [회화필수]

Let's _____ the two roots.

두 뿌리를 비교해 보자.

Let's _____ the two purposes.

두 목적을 비교해 보자.

A 다음을 듣고, 들려주는 단어에 ✔ 표시 하세요.

1

☐ ☐

2

☐ ☐

B 단어를 알맞은 우리말 뜻과 연결하세요.

1 focus •   • 일어나다

2 happen •   • 계속하다

3 continue •   • 초점; 집중하다

C 사진에 알맞은 단어를 보기 에서 골라 쓰세요.

보기	advise	drop	forever	correct

1

2

3

D 사다리를 타고 내려가 그림과 문장이 일치하면 ○표, 일치하지 않으면 ×표 하세요.

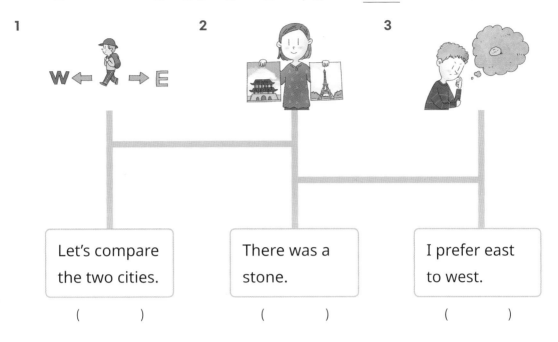

1

Let's compare the two cities.

( )

2

There was a stone.

( )

3

I prefer east to west.

( )

E 우리말에 맞게 단어를 바르게 배열하여 문장을 쓰세요.

1 오류가 있었어요. (was / error / There / an / .)

➡ _____

2 나는 겨울보다 여름을 선호해요. (winter / prefer / to / I / summer / .)

➡ _____

3 두 뿌리를 비교해 보자. (the / Let's / roots / compare / two / .)

➡ _____

◉ 다음 영어 단어를 써 보세요.

diary 일기

diary

lesson 수업

lesson

habit 습관

habit

expect 예상하다, 기대하다

expect

finish 끝내다

finish

cover 덮개; 가리다

cover

crazy 미친

crazy

break 부러지다, 부수다

break

bring 가져오다

bring

gold 금

gold

heavy 무거운

heavy

ground 땅

ground

envy 부러워하다; 부러움

envy

build 짓다

build

become ~이 되다

become

machine 기계

machine

guide 안내(서)

guide

forget 잊다

forget

important 중요한

important

dictionary 사전

dictionary

● 다음 필수 문장을 듣고 따라 읽은 후, 문장을 만들어 말해 보세요.

A • Please bring your used books. 교과서

중고 책을 가져오세요.

Please _____ your gold.

금을 가져오세요.

Please _____ your guide.

안내서를 가져오세요.

B • Don't forget to bring your camera. 교과서

카메라 가져오는 것을 잊지 마.

Don't _____ to bring your diary.

일기 가져오는 것을 잊지 마.

Don't _____ to bring your dictionary.

사전 가져오는 것을 잊지 마.

C • My brother broke my robot.

남동생이 내 로봇을 망가뜨렸어. 교과서

My brother _____ my bike.

남동생이 내 자전거를 망가뜨렸어.

My brother _____ my machine.

남동생이 내 기계를 망가뜨렸어.

D • I envy you! 회화필수

부러워!

I _____ him!

그가 부러워!

I _____ her!

그녀가 부러워!

A 다음을 듣고, 들려주는 단어에 ✓ 표시 하세요.

1

☐   ☐

2

☐   ☐

B 그림에 알맞은 단어를 골라 동그라미 하세요.

1

crazy

expect

2

ground

become

3

habit

important

C 사진에 알맞은 단어가 되도록 알파벳을 바르게 배열하여 쓰세요.

1

o s l s n e

2

h i n s i f

3

e c v r o

D 그림에 알맞은 문장을 골라 기호를 쓰세요.

> ⓐ I envy her!
> ⓑ My brother broke my robot.
> ⓒ Don't forget to bring your camera.

1

(   )

2

(   )

3

(   )

E 아래 화살표 방향대로 따라가 만들어지는 단어로 문장을 완성하세요.

1

출발	n	g
b	r	n
r	i	g

⬇ ⬇ ➡ ⬈ ⬆

Please _____ your used books.

(중고 책을 가져오세요.)

2

r	b	v
o	출발	n
e	k	e

⬆ ⬅ ⬇ ⬊ ➡

My brother _____ my machine.

(남동생이 내 기계를 망가뜨렸어.)

3

r	g	e
o	a	t
t	f	출발

⬅ ⬉ ⬆ ➡ ➡ ⬇

Don't _____ to bring your diary.

(일기 가져오는 것을 잊지 마.)

● 다음 영어 단어를 써 보세요.

hold 잡다

hold

carry 가지고 다니다

carry

chance 기회

chance

early 일찍

early

factory 공장

factory

always 항상

always

fact 사실

fact

human 인간

human

copy 복사하다; 복사

copy

find 찾다

find

divide 나누다

divide

lend 빌려주다

lend

return 돌려주다

return

part 부분

part

avoid 피하다

avoid

exist 존재하다

exist

get 받다; 도착하다

get

scream 비명을 지르다

scream

almost 거의

almost

example 예시

example

● 다음 필수 문장을 듣고 따라 읽은 후, 문장을 만들어 말해 보세요.

A • He is always kind. [회화필수]
그는 항상 친절해.

He is _____ busy.
그는 항상 바빠.   * busy: 바쁜

He is _____ friendly.
그는 항상 다정해.   * friendly: 다정한

B • Mary carries her bag.
Mary는 가방을 가지고 다녀. [교과서]

Mary _____ her bag.
Mary가 가방을 받는다.

Mary _____ her bag.
Mary가 가방을 잡고 있다.

C • I came home early. [교과서]
나는 집에 일찍 왔어.

He came home _____.
그는 집에 일찍 왔어.

She came home _____.
그녀는 집에 일찍 왔어.

D • I play baseball almost every day. [회화필수]
나는 거의 매일 야구를 해.

I play soccer _____ every day.
나는 거의 매일 축구를 해.   * soccer: 축구

I play basketball _____ every day.
나는 거의 매일 농구를 해.   * basketball: 농구

A 다음을 듣고, 들려주는 단어에 ✓ 표시 하세요.

1

☐　　　　☐

2

☐　　　　☐

B 단어에 알맞은 우리말 뜻을 골라 ✓ 표시 하세요.

1 fact
사실 ☐
기회 ☐

2 lend
피하다 ☐
빌려주다 ☐

3 return
존재하다 ☐
돌려주다 ☐

4 example
예시 ☐
거의 ☐

C 사진에 알맞은 단어를 골라 쓰세요.

1

copy　part

_____

2

chance　human

_____

3

exist　factory

_____

D 그림과 문장이 일치하면 ○표, 일치하지 <u>않으면</u> ×표 하세요.

1 He is always busy. (   )

2 Mary carries her bag. (   )

3 I came home early. (   )

E 괄호 안에 주어진 단어를 넣어 문장을 다시 쓰세요.

1 He is kind. (always)

➡ _____

(그는 항상 친절해.)

2 He came home. (early)

➡ _____

(그는 집에 일찍 왔어.)

3 I play baseball every day. (almost)

➡ _____

(나는 거의 매일 야구를 해.)

● 다음 영어 단어를 써 보세요.

marry 결혼하다

marry

borrow 빌리다

borrow

hurry 서두르다

hurry

mind 마음

mind

guess 추측하다

guess

double 두 배의

double

quiet 조용한

quiet

put on 입다, 쓰다, 신다

put on

take off 벗다

take off

time 시간

time

yesterday 어제

yesterday

tomorrow 내일

tomorrow

calendar 달력

calendar

similar 유사한

similar

prepare 준비하다

prepare

possible 가능한

possible

reason 이유

reason

recommend 추천하다

recommend

speak 말하다

speak

language 언어

language

● 다음 필수 문장을 듣고 따라 읽은 후, 문장을 만들어 말해 보세요.

A • Can I borrow your pen?

네 펜을 빌려도 될까? 　교과서

Can I _____ your calendar?

네 달력을 빌려도 될까?

Can I _____ your jump rope?

네 줄넘기를 빌려도 될까?

B • What did you do yesterday?

너는 어제 무엇을 했니? 　교과서

What did you prepare _____?

너는 어제 무엇을 준비했니?

What did you guess _____?

너는 어제 무엇을 추측했니?

C • Can you recommend a book? 　회화필수

책을 추천해 줄 수 있어?

Can you _____ a movie?

영화를 추천해 줄 수 있어? 　* movie: 영화

Can you _____ a language?

언어를 추천해 줄 수 있어?

D • Be quiet in the library.

도서관에서는 조용히 해. 　교과서

Be _____ in the museum.

박물관에서는 조용히 해. 　* museum: 박물관

Be _____ in the car.

차에서는 조용히 해. 　* car: 자동차

A 다음을 듣고, 들려주는 단어에 ✔ 표시 하세요.

1

☐ ☐

2

☐ ☐

B 사진에 알맞은 단어를 골라 기호를 쓰세요.

ⓐ marry ⓑ time ⓒ similar ⓓ reason

1

(   )

2

(   )

3

(   )

C 그림에 알맞은 단어를 보기 에서 골라 쓰세요.

보기 possible   tomorrow   mind   double

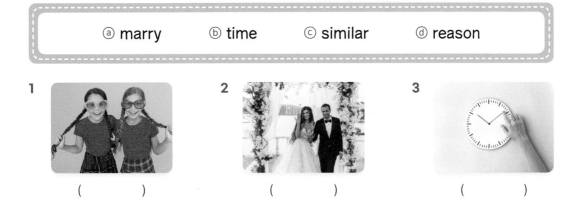

1

2

3

D 문장을 알맞은 그림과 연결하세요.

1 Be quiet in the library. •

2 Can I borrow your calendar? •

3 Can you recommend a book? •

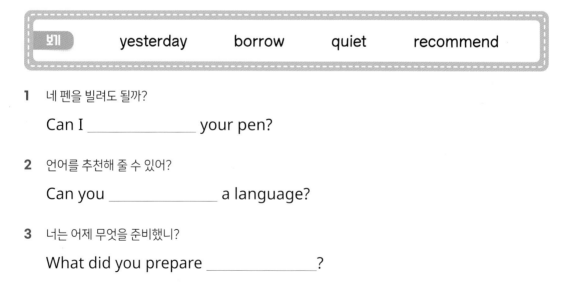

E 우리말에 맞게 알맞은 단어를 보기 에서 골라 문장을 완성하세요.

| 보기 | yesterday | borrow | quiet | recommend |

1 네 펜을 빌려도 될까?

Can I _____ your pen?

2 언어를 추천해 줄 수 있어?

Can you _____ a language?

3 너는 어제 무엇을 준비했니?

What did you prepare _____?

● 다음 영어 단어를 써 보세요.

ready 준비된

ready

gesture 몸짓

gesture

heaven 천국

heaven

pocket 주머니, 포켓

pocket

voice 목소리

voice

gate 문

gate

simple 간단한

simple

remember 기억하다

remember

metal 금속

metal

careful 조심하는

careful

gain 얻다

gain

exit 출구

exit

repeat 반복하다

repeat

control 통제하다; 통제

control

thing 것

thing

introduce 소개하다

introduce

same 같은

same

different 다른

different

courage 용기

courage

complete 완료하다

complete

● 다음 필수 문장을 듣고 따라 읽은 후, 문장을 만들어 말해 보세요.

A • Sarah is ready for bed.

Sarah는 잘 준비가 되었어. 교과서

Sarah is _____ for school.

Sarah는 학교에 갈 준비가 되었어. * school: 학교

Sarah is _____ for work.

Sarah는 일하러 갈 준비가 되었어. * work: 일

B • Do you remember me?

나를 기억하니? 회화필수

Do you _____ him?

그를 기억하니?

Do you _____ her?

그녀를 기억하니?

C • Where is the exit? 회화필수

출구가 어디인가요?

Where is the _____?

문이 어디에 있나요?

Where are sweet _____s?

단 것이 어디에 있나요?

A 다음을 듣고, 들려주는 단어에 ✓ 표시 하세요.

1

☐ ☐

2

☐ ☐

B 그림에 알맞은 단어를 골라 동그라미 하세요.

1

control

introduce

2

courage

heaven

3

gesture

complete

C 사진에 알맞은 단어를 골라 쓰세요.

1

exit   repeat

2

gain   metal

3

voice   simple

D 그림에 알맞은 문장을 골라 연결하세요.

1

- Sarah is ready for bed.

- Sarah is ready for school.

2

- Where is the exit?

- Where is the gate?

E 그림에 맞게 퍼즐을 완성한 후, 빈칸에 단어를 쓰세요.

1 Do you _____ me?
(나를 기억하니?)

2 Where is the _____?
(문이 어디에 있나요?)

3 Sarah is _____ for work.
(Sarah는 일하러 갈 준비가 되었어.)

WORKBOOK 정답

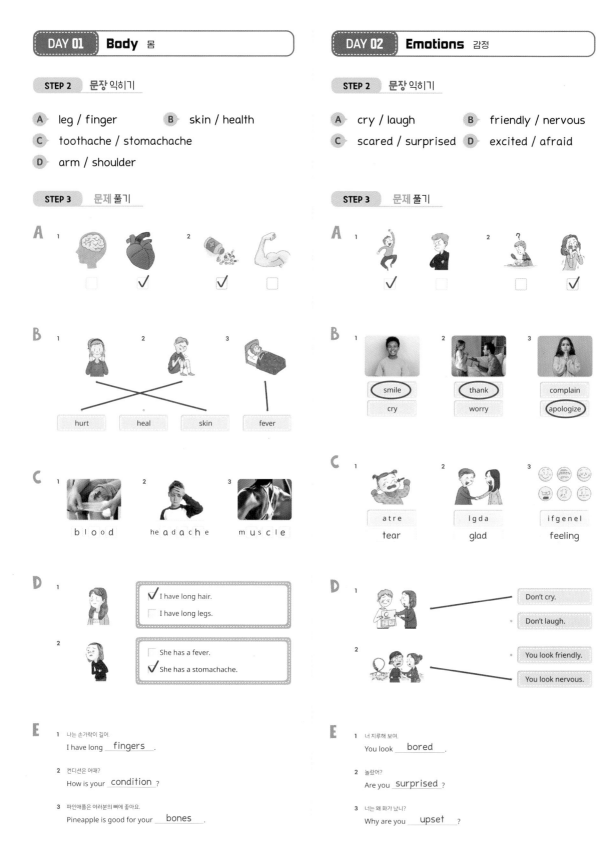

DAY 01 **Body** 몸

STEP 2 문장 익히기

A leg / finger B skin / health
C toothache / stomachache
D arm / shoulder

STEP 3 문제 풀기

A 1 ☐ ✓ 2 ✓ ☐

B
1 ── hurt
2 ── heal
3 ── skin ── fever

(hurt and heal crossed)

C
1 b l o o d
2 h e a d a c h e
3 m u s c l e

D
1 ✓ I have long hair.
  ☐ I have long legs.

2 ☐ She has a fever.
  ✓ She has a stomachache.

E
1 나는 손가락이 길어.
  I have long ___fingers___.

2 컨디션은 어때?
  How is your ___condition___ ?

3 파인애플은 여러분의 뼈에 좋아요.
  Pineapple is good for your ___bones___.

DAY 02 **Emotions** 감정

STEP 2 문장 익히기

A cry / laugh B friendly / nervous
C scared / surprised D excited / afraid

STEP 3 문제 풀기

A 1 ✓ ☐ 2 ☐ ✓

B
1 (smile) / cry
2 (thank) / worry
3 complain / (apologize)

C
1 a t r e — tear
2 l g d a — glad
3 i f g e n e l — feeling

D
1 ── Don't cry.
     Don't laugh.
2 ── You look friendly.
     You look nervous.

E
1 너 지루해 보여.
  You look ___bored___.

2 놀랐어?
  Are you ___surprised___ ?

3 너는 왜 화가 났니?
  Why are you ___upset___ ?

STEP 2 문장 익히기

A wrong / perfect

B agree / understand

C easy / fair

D plan / want

STEP 3 문제 풀기

A

B

1 doubt — 믿다
2 wonder — 궁금하다
3 believe — 의심하다; 의심

C

t a i (w i s h) k b h (i d e a) s c g j (t h i n k) u w c m

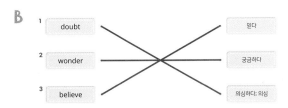

1 think　2 wish　3 idea

D

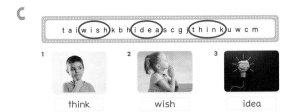

```
        4 h
  2 p  3 k n o w
    l        p
1 i m a g i n e
    n
```

E

1 You're (right / **wrong** / perfect).
➡ You're wrong.
(네가 틀렸어.)

2 I can't (**decide** / agree / understand).
➡ I can't decide.
(나는 결정하지 못하겠어.)

3 I think it's (easy / **difficult** / fair).
➡ I think it's difficult.
(나는 그것이 어렵다고 생각해.)

STEP 2 문장 익히기

A child / neighbor

B reporter / police officer

C artist / musician　D actor / chef

STEP 3 문제 풀기

A

B

1 dentist (○)　2 adult (×)　3 teenager (○)

C

1 cousin　2 parent　3 group

D

1 (ⓒ)　2 (ⓑ)　3 (ⓐ)

E

1 나는 자동차 엔지니어가 되고 싶어.
I want to be a car _engineer_.

2 나는 반 고흐가 위대한 화가라고 생각해.
I think van Gogh was a great _artist_.

3 내가 가장 좋아하는 작가는 아가사 크리스티야.
My favorite _writer_ is Agatha Christie.

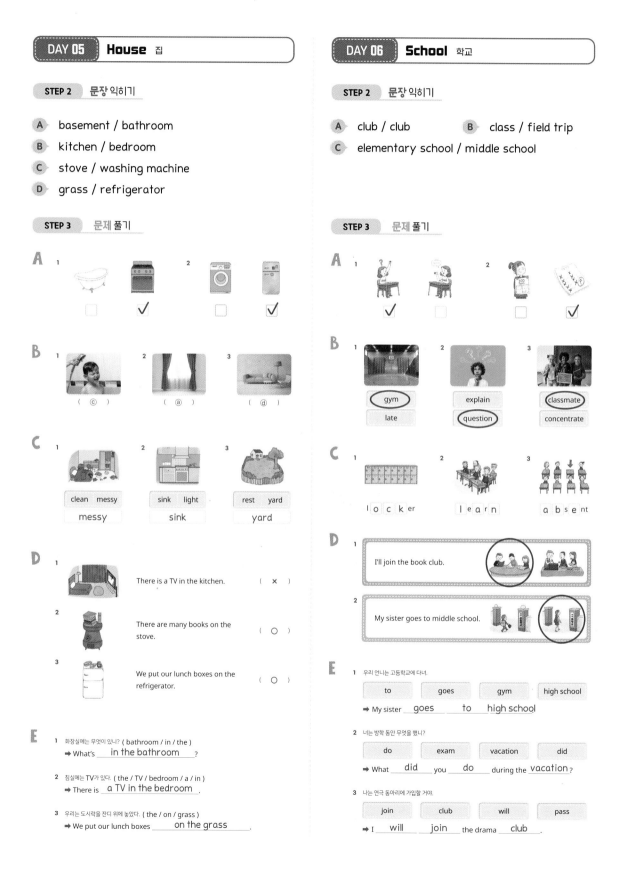

DAY 05　House 집

STEP 2　문장 익히기

- A　basement / bathroom
- B　kitchen / bedroom
- C　stove / washing machine
- D　grass / refrigerator

STEP 3　문제 풀기

A

1　☐　☑　　2　☐　☑

B

1 (ⓒ)　2 (ⓐ)　3 (ⓓ)

C

1　clean　messy → messy

2　sink　light → sink

3　rest　yard → yard

D

1　There is a TV in the kitchen.　(✕)

2　There are many books on the stove.　(○)

3　We put our lunch boxes on the refrigerator.　(○)

E

1　화장실에는 무엇이 있니? (bathroom / in / the)
→ What's ___in the bathroom___ ?

2　침실에는 TV가 있다. (the / TV / bedroom / a / in)
→ There is ___a TV in the bedroom___.

3　우리는 도시락을 잔디 위에 놓았다. (the / on / grass)
→ We put our lunch boxes ___on the grass___.

DAY 06　School 학교

STEP 2　문장 익히기

- A　club / club
- B　class / field trip
- C　elementary school / middle school

STEP 3　문제 풀기

A

1　☑　☐　　2　☐　☑

B

1　(gym)　late
2　explain　(question)
3　(classmate)　concentrate

C

1　l o c k er
2　l e a r n
3　a b s e n t

D

1　I'll join the book club.

2　My sister goes to middle school.

E

1　우리 언니는 고등학교에 다녀.
to　goes　gym　high school
→ My sister ___goes___ ___to___ ___high school___

2　너는 방학 동안 무엇을 했니?
do　exam　vacation　did
→ What ___did___ you ___do___ during the ___vacation___?

3　나는 연극 동아리에 가입할 거야.
join　club　will　pass
→ I ___will___ ___join___ the drama ___club___.

DAY 07 — Subjects & School Year 과목과 학년

STEP 2 문장 익히기

- **A** music / English
- **B** science / history
- **C** grade / grade
- **D** third / fifth

STEP 3 문제 풀기

A

1. ☑ (second box checked)
2. ☑ (second box checked)

B

1. (ⓒ)
2. (ⓐ)
3. (ⓑ)

C

1. favorite
2. Korean
3. sixth

D

1. What grade are you in?
2. My favorite subject is art.

(I am good at English.)

E

1. I am good at __math__ .
   (나는 수학을 잘해.)
2. My favorite subject is __science__ .
   (내가 가장 좋아하는 과목은 과학이야.)
3. I'm in the __third__ grade.
   (나는 3학년이야.)

DAY 08 — Food 음식

STEP 2 문장 익히기

- **A** lunch / dinner
- **B** salt / oil
- **C** rice / fruit
- **D** meat / snack

STEP 3 문제 풀기

A

1. ☑ (first box checked)
2. ☑ (first box checked)

B

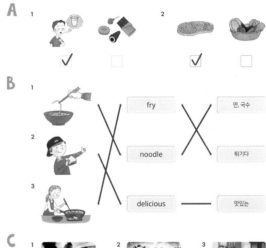

1. noodle — 면, 국수
2. fry — 튀기다
3. delicious — 맛있는

C

1. s b a k e n → bake
2. u f r e s h a f → fresh
3. w j c o o k g → cook

D

1. I have **breakfast** ☑ / dinner ☐ every day.
2. I'd like a fruit ☐ / **vegetable** ☑ pizza, please.

E

1. 나는 매일 점심 식사를 해.
   (I / every day / have lunch / .)
   → I have lunch every day.
2. 버터와 설탕을 함께 섞으세요.
   (butter and sugar / Mix / together / .)
   → Mix butter and sugar together.
3. 너는 패스트푸드를 얼마나 자주 먹니?
   (eat / How often / you / fast food / do / ?)
   → How often do you eat fast food?

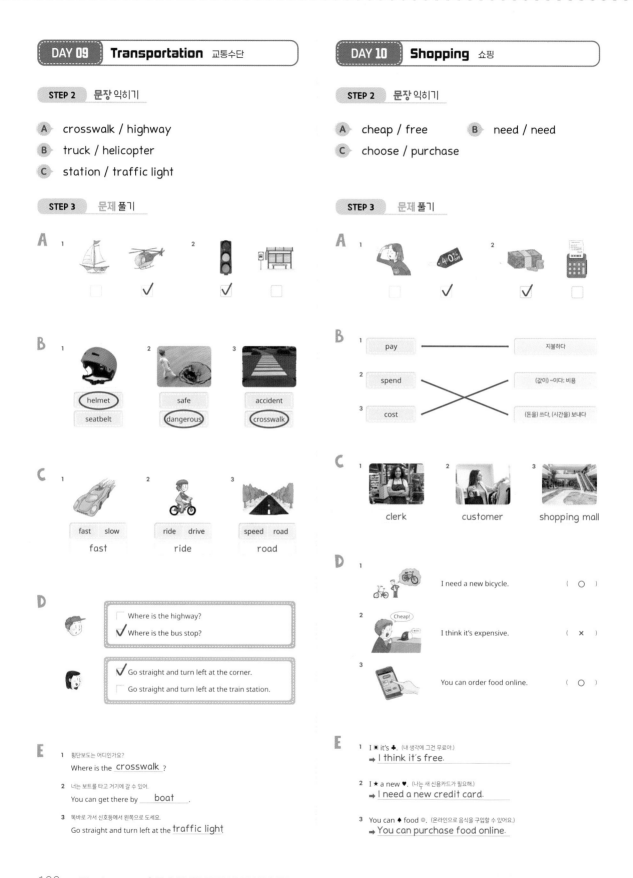

DAY 09 · Transportation 교통수단

STEP 2 문장 익히기

Ⓐ crosswalk / highway
Ⓑ truck / helicopter
Ⓒ station / traffic light

STEP 3 문제 풀기

A 1 □ ✓ 2 ✓ □

B
1 ⓗelmet / seatbelt
2 safe / ⓓangerous
3 accident / ⓒrosswalk

C
1 fast slow → fast
2 ride drive → ride
3 speed road → road

D
□ Where is the highway?
✓ Where is the bus stop?

✓ Go straight and turn left at the corner.
□ Go straight and turn left at the train station.

E
1 횡단보도는 어디인가요?
Where is the _crosswalk_ ?
2 너는 보트를 타고 거기에 갈 수 있어.
You can get there by _boat_ .
3 똑바로 가서 신호등에서 왼쪽으로 도세요.
Go straight and turn left at the _traffic light_

DAY 10 · Shopping 쇼핑

STEP 2 문장 익히기

Ⓐ cheap / free   Ⓑ need / need
Ⓒ choose / purchase

STEP 3 문제 풀기

A 1 □ ✓ 2 ✓ □

B
1 pay ——— 지불하다
2 spend ⤬ (값이) ~이다; 비용
3 cost (돈을) 쓰다, (시간을) 보내다

C
1 clerk
2 customer
3 shopping mall

D
1 I need a new bicycle. (○)
2 I think it's expensive. (✗)
3 You can order food online. (○)

E
1 I ■ it's ♣. (내 생각에 그건 무료야.)
→ I think it's free.
2 I ★ a new ♥. (나는 새 신용카드가 필요해.)
→ I need a new credit card.
3 You can ♦ food ◎. (온라인으로 음식을 구입할 수 있어요.)
→ You can purchase food online.

DAY 11 Numbers & Amount 수와 양

STEP 2 문장 익히기

- **A** twelve / thirteen
- **B** more / some
- **C** much / some
- **D** hundred / million

STEP 3 문제 풀기

A

1 ☑ ☐ 2 ☐ ☑

B

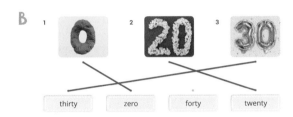

1 0 2 20 3 30

thirty | zero | forty | twenty

C

t s p (t o t a l) e r (a d d) h g f (n u m b e r) a o y c

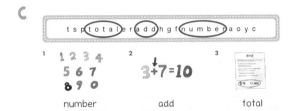

1 1 2 3 4 5 6 7 8 9 0 number
2 3+7=10 add
3 total

D

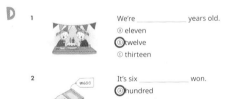

1 We're _____ years old.
ⓐ eleven
ⓑ twelve ●
ⓒ thirteen

2 It's six _____ won.
ⓐ hundred ●
ⓑ thousand
ⓒ million

E

1 나는 그곳에서 많은 새들을 봤어.
I saw some birds there.
➡ I saw many birds there.

2 우리는 약간의 음식이 있어.
We have enough food.
➡ We have some food.

3 우리는 열한 살이에요.
We're thirteen years old.
➡ We're eleven years old.

DAY 12 Hobbies & Leisure 취미와 레저

STEP 2 문장 익히기

- **A** hike / draw
- **B** free time / free time
- **C** game / sports
- **D** activities / adventures

STEP 3 문제 풀기

A

1 ☐ ☑ 2 ☐ ☑

B

1 hobby 취미 (○) 2 fun 모험 ( )
3 indoor 야외의 ( ) 4 exciting 신나는 (○)
5 like 좋아하다 (○) 6 enjoy 오르다 ( )

C

1 swim 2 sing 3 collect

D

1 (ⓑ) 2 (ⓐ) 3 (ⓒ)

E

1 나는 한라산을 오르고 싶어.
I want to ___climb___ Hallasan.
(b i c m l)

2 나는 토요일에 주로 영화를 봐.
I usually watch a ___movie___ on Saturday.
(i o v e m)

3 나는 겨울 모험들을 즐길 수 있어서 겨울이 좋아.
I like winter because I can enjoy winter ___adventures___.
(e s d a e v n r u t)

Sports 스포츠

The City 도시

STEP 2 문장 익히기

Ⓐ kick / shoot   Ⓑ baseball / basketball

Ⓒ tennis / badminton   Ⓓ exercise / win

STEP 2 문장 익히기

Ⓐ live / live   Ⓑ city / street

Ⓒ city hall / skyscraper

Ⓓ block / block

STEP 3 문제 풀기

A

1 ✓ ☐   2 ✓ ☐

B

1 (ⓑ)   2 (ⓓ)   3 (ⓐ)

C

g	w	a	c	u	s
o	f	n	y	w	i
a	x	g	e	v	m
l	t	a	b	b	r
z	t	p	o	s	d
p	l	a	y	e	r

1 goal
2 player
3 sweat

D

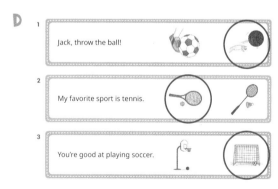

1 Jack, throw the ball!

2 My favorite sport is tennis.

3 You're good at playing soccer.

E

1 너는 더 많이 연습해야 해. (practice / more / should)
→ You should practice more.

2 내가 가장 좋아하는 운동은 농구야. (basketball / sport / is / favorite)
→ My favorite sport is basketball.

3 너는 야구를 잘해. (playing / at / baseball / good)
→ You're good at playing baseball.

STEP 3 문제 풀기

A

1 ☐ ✓   2 ☐ ✓

B

1 (busy) / local   2 (concert) / exhibit   3 apartment / (traffic jam)

C

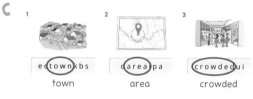

1 e d(town)k b s   2 d(area)p a   3 (crowded)u i
town   area   crowded

D

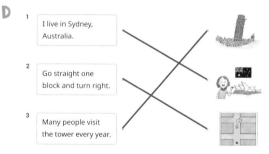

1 I live in Sydney, Australia.

2 Go straight one block and turn right.

3 Many people visit the tower every year.

E

1 많은 사람들이 매년 그 도시를 방문한다.

| the | street | visit | city |

→ Many people __visit__ __the__ __city__ every year.

2 우리는 그 고층 빌딩 뒤에 공간이 있어.

| behind | skyscraper | building | the |

→ We have space __behind__ __the__ __skyscraper__.

3 두 블록 직진하고 오른쪽으로 도세요.

| blocks | straight | one | Go | two |

→ __Go__ __straight__ __two__ __blocks__ and turn right.

DAY 15 — Vacation & Travel 휴가와 여행

STEP 2 문장 익히기

A beach / beach
B travel / travel
C visit / visit

STEP 3 문제 풀기

A
1. ☐ ✓ | 2. ✓ ☐

B
1. holiday — 여권 ☐ / 공휴일 ✓
2. weekend — 주말 ✓ / 기억 ☐
3. reserve — 예약하다 ✓ / 취소하다 ☐
4. experience — 방문 ☐ / 경험 ✓

C
1. sail campfire → **sail**
2. memory wave → **wave**
3. stay travel → **stay**

D
1. I will swim at the beach. (✗)
2. I want to travel to many cities. (○)
3. We're going to visit a famous place. (○)

E
1. 나는 해변에서 쉴 거야.
   I will relax at the **beach**.
2. 나는 많은 나라를 여행하고 싶어.
   I want to **travel** to many countries.
3. 우리는 장난감 박물관을 방문할 거야.
   We're going to **visit** the toy museum.

DAY 16 — Events & Anniversaries 이벤트와 기념일

STEP 2 문장 익히기

A candle / balloon
B invited / invited
C present / photograph
D birthday / birthday

STEP 3 문제 풀기

A
1. ✓ ☐ | 2. ✓ ☐

B
1. date / (party)
2. guest / (together)
3. (couple) / congratulate

C
1. s p e c i a l
2. c r o w d
3. c o s t u m e

D
1. I bought a candle ☐ / balloon ✓ for you.
2. I sent a card ☐ / present ✓ to my grandmother.

E
1. 출발 the party / Kate to / invited me 도착
   Kate가 나를 파티에 초대했어.
   Kate invited me to the party.
2. mother's My 도착 / birthday 출발 / is June 1
   우리 어머니의 생일은 6월 1일이야.
   My mother's birthday is June 1.

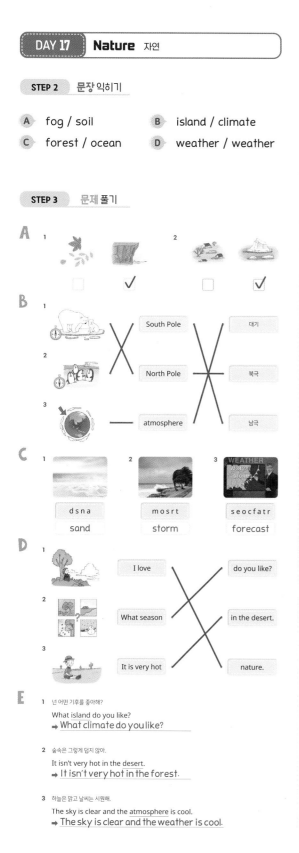

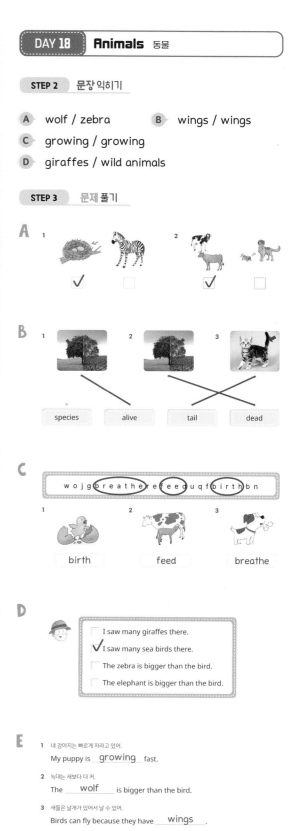

DAY 19 — The Environment 환경

STEP 2 문장 익히기

- **A** save / save
- **B** resource / fuel
- **C** protect / protect
- **D** reusing / reusing

STEP 3 문제 풀기

A
1. □ ☑
2. □ ☑

B
1. (wild) / warn
2. harmful / (extinct)
3. (hunt) / survive

C
1. poison
2. recycle
3. waste

D
1. Let's save the earth.
   - 지구를 지키자. ☑
   - 물을 절약하자. □
2. How about reusing plastic bottles?
   - 플라스틱 병을 재활용하는 게 어때? □
   - 플라스틱 병을 재사용하는 게 어때? ☑

E
1. We can ♥ ★.
   → We can save energy.
   우리는 __에너지__ 을/를 __절약__ 할 수 있어.
2. How about ♦ ◎?
   → How about reusing fuel?
   __연료__ 을/를 __재사용__ 하는 게 어때?
3. We should ▪ plants and animals.
   → We should protect plants and animals.
   우리는 식물과 동물을 __보호__ 해야 해.

DAY 20 — Space 우주

STEP 2 문장 익히기

- **A** rocket / spaceship
- **B** world / universe
- **C** moon / space station
- **D** half moon / full moon

STEP 3 문제 풀기

A
1. □ ☑
2. □ ☑

B
1. planet / (shooting star)
2. sun / (moon)
3. (huge) / solar system

C
1. Mercury
2. Venus
3. Mars

D
1. (ⓑ)
2. (ⓒ)
3. (ⓐ)

E
1. 나는 망원경이 필요해.
   I need a __telescope__.
   (e s e o t l c e p)
2. 우리의 작은 손길이 우주를 구할 수 있어요!
   Our small hands can save the __universe__!
   (v i e s u r e n)
3. 너는 밤에 아름다운 별들을 볼 수 있어.
   You can look at the beautiful __stars__ at night.
   (a s t r s)

DAY 21　Economy 경제

STEP 2　문장 익히기

Ⓐ job / skill　　Ⓑ office / office

Ⓒ company / company

Ⓓ business / income

STEP 3　문제 풀기

A

1 ☑ □　2 ☑ □

B

1 quit　그만두다　(○)　2 succeed　거래하다　( )

3 effort　선택　( )　4 develop　개발하다　(○)

5 cycle　위기　( )　6 participate　참여하다　(○)

C

S h e
p o o r
c a
w o r k　r n

D

1 What's your choice?

2 Where is Dr. White's office?

3 My dad works for the company.

E

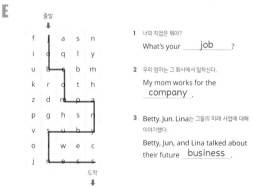

출발 ↓

f	a	s	n
i	o	q	l	y
u	b	e	b	m
k	r	o	t	h
z	d	m	p	a
p	g	h	s	n
v	s	u	b	y
o		w	e	c
j	n	e	s	s

도착 ↓

1 너의 직업은 뭐야?
What's your ___job___ ?

2 우리 엄마는 그 회사에서 일하신다.
My mom works for the ___company___ .

3 Betty, Jun, Lina는 그들의 미래 사업에 대해 이야기했다.
Betty, Jun, and Lina talked about their future ___business___ .

DAY 22　Science 과학

STEP 2　문장 익히기

Ⓐ fix / prove　　Ⓑ exact / useful

Ⓒ invented / invented

Ⓓ created / watched

STEP 3　문제 풀기

A

1 □ ☑　2 □ ☑

B

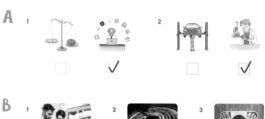

1　2　3

heat　test　theory　weight

C

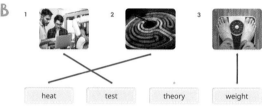

1　2　3

e c u l　l m p b e o r　g o t h n c o y e l
clue　problem　technology

D

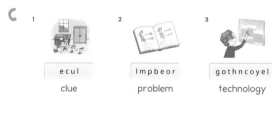

1

I can solve it.

2

Who invented the airplane?

3

They discovered a new planet.

E

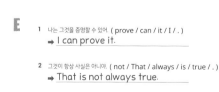

1 나는 그것을 증명할 수 있어. (prove / can / it / I / .)
➡ I can prove it.

2 그것이 항상 사실은 아니야. (not / That / always / is / true / .)
➡ That is not always true.

3 누가 자동차를 발명했나요? (the / Who / car / invented / ?)
➡ Who invented the car?

DAY 23	**Society** 사회

STEP 2 문장 익히기

- **A** past / country
- **B** join / join
- **C** elected / elected
- **D** traditional / traditional

STEP 3 문제 풀기

A 1, 2

B

1. foreign / (president)
2. (promise) / social
3. past / (relationship)

C

1. god / rule → rule
2. hero / duty → hero
3. act / culture → culture

D

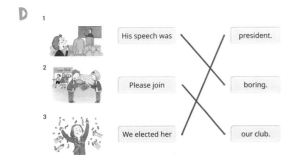

1. His speech was ——→ boring.
2. Please join ——→ our club.
3. We elected her ——→ president.

E

1. 그의 나라는 지루했다.
   His __country__ was boring.

2. 우리는 그를 대통령으로 선출했다.
   We __elected__ him president.

3. 민화는 한국의 전통적인 회화야.
   Minhwa is a(n) __traditional__ Korean painting.

DAY 24	**Internet & Media** 인터넷과 미디어

STEP 2 문장 익히기

- **A** laptop / network
- **B** program / stage
- **C** email / email
- **D** popular / popular

STEP 3 문제 풀기

A 1, 2

B

1. title ——⤬—— 정보
2. information ——⤬—— 제목
3. communication ——— 의사소통

C

1. call
2. send
3. famous

D

1. Using a _____ is good.
   ⓐ laptop
   ⓑ network
   ⓒ cell phone ✓

2. I need a new _____.
   ⓐ stage
   ⓑ computer ✓
   ⓒ program

E

1. Using a __laptop__ is good.
   (휴대용 컴퓨터를 사용하는 것은 좋아.)

2. I will send an __email__ to Emily.
   (나는 Emily에게 이메일을 보낼 거야.)

3. The song is __popular__ among teenagers.
   (그 노래는 십 대들 사이에서 인기 있어.)

DAY 25 | Wars & Crimes 전쟁과 범죄

STEP 2 문장 익히기

A war / power　　**B** attack / threat

C stole / stole　　**D** jail / jail

STEP 3 문제 풀기

A

B

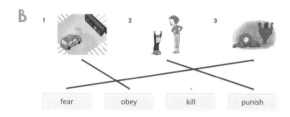

| fear | obey | kill | punish |

C

1 d e s t r o y　　2 p o w e r　　3 p r e v ent

D

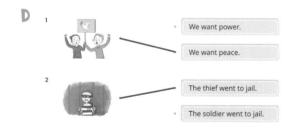

1
- We want power.
- We want peace.

2
- The thief went to jail.
- The soldier went to jail.

E

1 그는 감옥에 갔다.
He went to ___jail___.
(l a i j)

2 우리는 범죄를 막아야 한다.
We must prevent ___crimes___.
(r e m i s c)

3 누군가가 내 휴대전화를 훔쳤다.
Someone ___stole___ my cell phone.
(t l s e o)

DAY 26 | Study More Words 1

STEP 2 문장 익히기

A prefer / prefer　　**B** stone / address

C compare / compare

STEP 3 문제 풀기

A

B

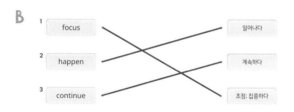

1 focus		일어나다
2 happen		계속하다
3 continue		초점; 집중하다

C

1 correct　　2 drop　　3 advise

D

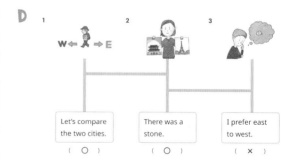

1 Let's compare the two cities. (○)

2 There was a stone. (○)

3 I prefer east to west. (✗)

E

1 오류가 있었어요. (was / error / There / an / .)
➡ There was an error.

2 나는 겨울보다 여름을 선호해요. (winter / prefer / to / I / summer / .)
➡ I prefer summer to winter.

3 두 뿌리를 비교해 보자. (the / Let's / roots / compare / two / .)
➡ Let's compare the two roots.

DAY 27 Study More Words 2

STEP 2 문장 익히기

- A bring / bring
- B forget / forget
- C broke / broke
- D envy / envy

STEP 3 문제 풀기

A

1 ☐ ☑ 2 ☑ ☐

B

1 (crazy) / expect
2 (ground) / become
3 habit / (important)

C

1 o s l s n e → lesson
2 h i n s i f → finish
3 e c v r o → cover

D

1 (ⓒ)   2 (ⓐ)   3 (ⓑ)

E

1 Please __bring__ your used books.
(중고 책을 가져오세요.)

2 My brother __broke__ my machine.
(남동생이 내 기계를 망가뜨렸어.)

3 Don't __forget__ to bring your diary.
(일기 가져오는 것을 잊지 마.)

DAY 28 Study More Words 3

STEP 2 문장 익히기

- A always / always
- B gets / holds
- C early / early
- D almost / almost

STEP 3 문제 풀기

A

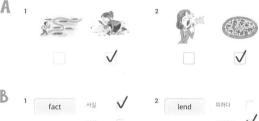

1 ☐ ☑ 2 ☐ ☑

B

1 fact 사실 ☑ / 기회 ☐
2 lend 피하다 ☐ / 빌려주다 ☑
3 return 존재하다 ☐ / 돌려주다 ☑
4 example 예시 ☑ / 거의 ☐

C

1 copy part → copy
2 chance human → human
3 exist factory → factory

D

1 He is always busy. (✕)

2 Mary carries her bag. (○)

3 I came home early. (✕)

E

1 He is kind. (always)
→ He is always kind.
(그는 항상 친절해.)

2 He came home. (early)
→ He came home early.
(그는 집에 일찍 왔어.)

3 I play baseball every day. (almost)
→ I play baseball almost every day.
(나는 거의 매일 야구를 해.)

STEP 2 문장 익히기

A borrow / borrow
B yesterday / yesterday
C recommend / recommend
D quiet / quiet

STEP 3 문제 풀기

A

B

(ⓒ)　　　(ⓐ)　　　(ⓑ)

C

mind　　　double　　　tomorrow

D
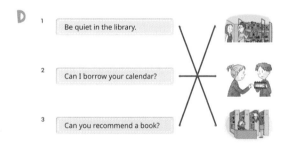

1 Be quiet in the library.
2 Can I borrow your calendar?
3 Can you recommend a book?

E
1 네 펜을 빌려도 될까?
　Can I __borrow__ your pen?
2 언어를 추천해 줄 수 있어?
　Can you __recommend__ a language?
3 너는 어제 무엇을 준비했니?
　What did you prepare __yesterday__ ?

STEP 2 문장 익히기

A ready / ready
B remember / remember
C gate / thing

STEP 3 문제 풀기

A

B

control　　　courage　　　gesture
introduce　　　heaven　　　complete

C

exit repeat　　　gain metal　　　voice simple
exit　　　metal　　　voice

D

1 Sarah is ready for bed.
　Sarah is ready for school.
2 Where is the exit?
　Where is the gate?

E

1 Do you __remember__ me?
　(나를 기억하니?)
2 Where is the __gate__ ?
　(문이 어디에 있나요?)
3 Sarah is __ready__ for work.
　(Sarah는 일하러 갈 준비가 되었어.)

MEMO

MEMO